여운형

글쓴이 **심온**
충남 아산에서 태어났다. 1990년에 새벗문학상 동시 부문에 당선되었다. 초등학교에서 20여 년 간 어린이들을 가르쳤으며 현재 아산 교육청 장학사로 일하고 있다.

감수자 **김광운**
경기도 시흥에서 태어나 한양대학교 사학과와 같은 학교 대학원을 졸업했다. 현재 국사편찬위원회에 재직 중이며, 한겨레통일문화연구소 연구위원, 민주화운동기념사업회 자문위원으로 활동하고 있다. 한양대학교와 한신대학교, 조선대학교, 서울교육대학교 등지에서 학생들을 가르치고 있다. 지은 책으로는 《통일 독립의 현대사》들이 있다.

여운형
우리가 잊지 말아야 할 독립운동가 6

3판 1쇄 인쇄 | 2019년 7월 30일
3판 1쇄 발행 | 2019년 8월 5일

지 은 이 | 심온
감 수 자 | 김광운
펴 낸 이 | 정중모
펴 낸 곳 | 파랑새
등 록 | 1988년 1월 21일 (제406-2000-000202호)
주 소 | 경기도 파주시 회동길 152
전 화 | 031-955-0670 팩 스 | 031-955-0661~2
홈페이지 | www.bbchild.co.kr
전자우편 | bbchild@yolimwon.com

ⓒ 파랑새, 2003, 2007, 2019
ISBN 978-89-6155-856-3 74910
   978-89-6155-850-1 (세트)

• 책값은 뒤표지에 있습니다.
• 출판사의 허락 없이 이 책의 일부 또는 전체를 인용하거나 발췌하는 것을 금합니다.
• 본 도서는 파랑새 〈인물로 보는 한국사〉 시리즈와 동일한 도서입니다.

어린이제품안전특별법에 의한 제품 표시
제조자명 파랑새 | 제조년월 2019년 8월 | 제조국 대한민국 | 사용연령 10세 이상

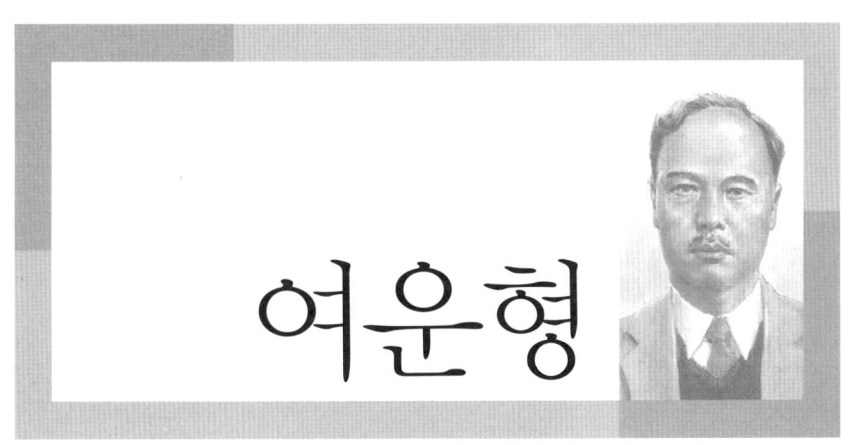

여운형

심온 글 | 김광운 감수

파랑새

추천사
삶의 등대가 되어 주는 역사 인물

'도로시'라는 미국의 교육학자는 '아이들은 사는 것을 배운다'라는 유명한 시를 남겼습니다. 그 내용은 다음과 같습니다.

만일 아이가 나무람 속에서 자라면 비난을 배웁니다.
만일 아이가 적개심 속에서 자라면 싸우는 것을 배웁니다.
만일 아이가 비웃음 속에서 자라면 부끄러움을 배웁니다.
만일 아이가 수치심 속에서 자라면 죄의식을 배웁니다.
만일 아이가 관대함 속에서 자라면 신뢰를 배웁니다.
만일 아이가 격려 속에서 자라면 고마움을 배웁니다.
만일 아이가 공평함 속에서 자라면 정의를 배웁니다.
만일 아이가 인정 속에서 자라면 자기 자신을 좋아하는 것을 배웁니다.
만일 아이가 받아들임과 우정 속에서 자라면 세상에서 사랑을 배우게 됩니다.

이 아름다운 시처럼 우리들의 아이들은 끊임없이 세상에서 무엇인가 배우고 있습니다. 자라나는 아이들에게 사는 것을 배우게 하는 가장 좋은 방법은 무엇일까요? 그것은 아마도 우리나라가 낳은 조상들 중에서 훌륭한 업적을 이룩하신 역사적 인물들을 배우고 그 인물들을 통해서 그들의 애국심과 남다른 인격을 본받는 것입니다. 지금까지 어린 아이들을 대상으로 하는 위인전은 많이 있었지만 이번에 발간한 인물 이야기처럼 이제 막 인격이 성숙하기 시작하는 초등학교 고학년에서부터 사춘기에 이르는 중학생을 상대로 한 인물 역사책은 거의 없었던 것으로 알고 있습니다. 사실 이런 책들은 역사를 인식하고 역사적 인물을 이해할 수 있는 연령을 대상으로 하였을 때, 비로소 그 빛을 볼 수 있다고 생각합니다.

꼭 알아야 할 역사적 인물을 선정해서 발간하는 이 책은 우리 아이들에게 무한한 자부심과 희망과 꿈을 키워 줄 것입니다.

그리고 이 책은 역사학자들의 철저한 감수와 고증을 거쳐 역사적 사실이 흥미 위주로 과장되거나 주관적인 해석으로 왜곡되지 않고 정확하게 전달되도록 온 힘을 기울였습니다.

존경하는 인물을 한 사람 가슴에 품고 자라난 아이들은 가슴 속에 하나의 등대를 갖고 있는 항해사와 같습니다. 아이들의 먼 인생 항로에서 언제나 꺼지지 않는 등불이 되어 절망과 역경에 이르렀을 때도 그 앞길을 밝혀 주는 희망의 등불이 될 것입니다.

자라나는 아이들은 미래의 희망입니다. 그들에게 사는 것을 가르치기 위해서는 아이들이 살아갈 조국, 내 나라 내 땅을 위해 땀과 피와 목숨을 바친 훌륭한 역사적 인물들의 씨앗을 우리 아이들의 가슴 속에 뿌려 주는 일일 것입니다. 그 씨앗은 아이들 가슴 속에서 무럭무럭 자라나 마침내 아름다운 꽃과 무성한 열매를 맺게 될 것임을 저는 의심치 않습니다.

이어령 전 문화부 장관

지은이의 말

내가 좋아하는 인물은 '부모님', '선생님들', '친구들'과 같이 여럿의 뜻을 가진 '사람들'이었습니다. 좋아하는 사람을 한 사람만 말하라고 할 때도 나는 늘 여럿의 뜻을 가진 사람들을 대곤 했습니다. 이순신, 세종대왕도 좋아할 만한 인물이지만 그들을 하나하나 이야기하는 것보다는 '우리나라의 인물들'이라는 말로 좋아했습니다. 여운형도 그 인물들 중 한 사람이었습니다.

이 글을 쓰면서 나는, 여운형도 '어느 한 사람'이 아닌 '여럿'을 좋아했을 것이라고 생각했습니다. '국민들' 또는 '우리 민족'이라는 말이 바로 그것인데, 여운형이 왜 '그들'을 좋아했는지 확실히 알게 되었습니다. 그것은 '그들'이 여운형을 무척 좋아했기 때문이었습니다. 많은 사람들이 좋아하는 사람이 되려면 먼저 많은 사람들을 좋아해야 한다는 사실을 여운형은 그의 삶을 통해서 일러주고 있었습니다.

아마 여운형이라는 인물을 이 책을 통해서 처음 알게 된 사람들도 있을 것입니다. 그렇다면 이 책은 제구실을 충분히 하게 된 것입니다. 밝은 한낮 동안은 빛 속에 꼭꼭 숨어 있다가 어둠이 세상에 가득 차 오를 때가 되어야 별들은 비로소 빛을 냅니다. 그 어둠 때문에 별들은 비로소 별이 되는 것이지요. 반딧불이도 한낮 동안은 풀숲에 조용히 있다가 어둠이 내려야 비로소 반딧불을 반짝이며 우리 주위의 어둠을 밝힙니다. 여운형은 그런 사람들 중의 한 사람이었습니다.

많은 사람들의 가슴에 좋아하는 인물로 남는 방법, 그것은 살아가면서 만나는 많은 사람들을 진심으로 사랑하면 됩니다. 어떻게 사랑하는지 이제 이 책을 통해서 알아보기로 합시다.

심온

차례

추천사 4
지은이의 말 8

1. 빛, 태어남 12
2. 훌륭한 인물이 될 아이 22
3. 새로운 생각의 실천 33
4. 애국심으로 무장한 연설 활동 40
5. 중국으로 가다 48
6. 외국에서 맞이한 3·1 만세 운동 60

7. 일본인들과 한판 승부   69
8. 중국 요인들과의 만남   84
9. 일본 간수를 감동시킨 감옥 생활   94
10. 언론 활동을 통한 독립운동   103
11. 조선 건국 동맹   115
12. 민족의 독립을 위한 준비 활동   126
13. 새로운 나라   140
14. 빛, 남아 있음   156

1. 빛, 태어남

"축하하네. 손자는 어떤가?"

손자의 탄생을 축하하러 찾아온 친구가 묻는 말에 여운형의 할아버지는 잠시 망설이다가 빙그레 웃으면서 말하였다.

"크게 될 걸세."

"크게 된다면……?"

"하늘의 해만큼 큰 것이 또 있겠는가?"

"뭐라고?"

하늘의 해라고 하면 그 당시는 임금을 가리키는 말이었다.

여운형의 할아버지는 친구가 되묻는 말에 얼른 말꼬리를 돌렸지만 얼굴 표정은 흐뭇하기 짝이 없었다.

1886년 음력 4월 22일, 여운형은 경기도 양평군 양서면 신원리 묘곡에서 태어났다. 그의 아버지 여정현은 임진왜란이 끝난 후 일본에 다녀온 여우길의 10대손이었고, 그의 어머니는 조선시대의 정치가 이항복의 11대손이었다. 여운형의 위로는 삼 남매가 있었지만 모두 어려서 죽었다. 집안사람들 모두가 여씨 가문의 대를 이을 새로운 자식을 기다리던 터였기에 그의 집안에서 여운형의 출생은 그야말로 큰 경사였다.

"뭐, 꿈에 해를 품었다고?"

그의 할아버지는 여운형이 태어나기 전 며느리가 태몽으로 해를 품어 안았다는 말을 듣고 손자의 호를 몽양(夢陽)이라고 지어 주었다. 그것은 '태양을 꿈꾸는' 훌륭한 인물이 되라는 뜻으로, 손자를 사랑하는 할아버지의 마음이 듬뿍 담긴 이름이었다. 여운형에 대한 할아버지의 기대는 태양만큼 컸던 것이다.

여운형의 할아버지는 일찍부터 중국에 대하여 많은 지식을 가지고 있었다.

갑신정변(1884년)이 실패로 끝난 후 뜻있는 사람들은 청나라를 싫어했으며, 여운형의 할아버지도 그 중 하나였다. 그들은 사람을 모아 산 속에서 훈련시키다가 배신자의 밀고로 잡혀갔다. 그러나 여운형의 할아버지는 그 당시 조정의 높은 사람과 가까운 친척인 관계로 죽음은 면하고 평안북도 영원으로 귀양을 가게 되었다. 그러한 할아버지는 여운형이 항상 자신을 비춰 보면서 살아가는 마음의 거울이었다.

할아버지에 대한 여운형의 기억은 이러했다.

나는 순전히 할아버지의 가르침 속에서 살았습니다. 할아버지는 거센 들판에 있는 굳센 신비라 함이 적당하겠습니다. 할아버지께서는 중국에 대하여 좋지 않은 생각을 많이 갖고 계신 분이셨습니다. 중국은 우리나라를 자기네 나라의 일부분인 듯이 내려다보고, 사사건건 자기들의 뜻에 따르도록 하였고 심지어는 예물을 바치도록 하였으며, 자기들 이익만 주장하는 등 우리 민족을 무시하여 왔습니다. 이 땅의 오랜 역사를 지닌 당당한 국가로서 이렇게 큰 수치가 어디 있겠느냐 하여 중국을 정벌하자는 건의를 조정에 올렸을 뿐만 아니라, 뜻을 함께 하는 사람들과 서로 손을 잡고 거사를 일으키기 위하여 비밀 모임을 만들어 바쁘게 움직이고 계셨습니다. 그러다가 일이 아직 열매도 맺기 전에 그 비밀이 탄로나 할아버지는 평안북도 영원이라는 산 높고 골짜기 깊은 사람 없는 곳으로 귀양을 갔던 것입니다. 우는 자손들과 갈라져서 멀리 떠났

던 할아버지는 굳은 의지만은 가지고 계시다가 몇 해 만엔가 돌아오셨습니다. 돌아오시던 날 우리들이 동구 밖에 나가 보니, 그리 좋으시던 몸집은 이미 간 곳이 없고 이마에는 헤아릴 수 없는 주름살이 가득했으며, 몹시 쇠약해 있었습니다. 우리들은 집 밖의 풀밭에서 울었습니다. 그렇지만 할아버지께서 오직 한 가지 변하지 않은 것이 있었는데, 눈빛에 가득한 소나무와 대나무의 푸른 기개, 그것이었습니다.

이처럼 어린 여운형은 그의 할아버지를 통하여 자기가 사는 마을 이외의 세상을 알 수 있었다. 그의 눈에 보이는 할아버지는 그야말로 곧고 바른 선비였다.

여운형의 아버지는 성격이 몹시 급하고 엄격했으며, 화를 내면 온 집안과 동네가 놀랄 정도였다. 성품은 할아버지처럼 정직하고 청렴했지만, 항상 현실에 매여 있으려는 소극적이고 타협적인 사람이었다.

그러나 양반이라는 자존심은 대단했다.

여운형이 예닐곱 살이었을 때의 일이다. 여운형은 동네의 어느 상민 집에 들어가서 앵두를 따먹다가 주인한테 들켜 개구멍으로 도망쳤는데 그 바람에 얼굴에 상처가 났다.

"어쩌다가 얼굴에 상처가 났느냐?"

"……"

여운형은 입을 다물고만 있었다. 그러나 상민의 집에 있는 앵두나

무 때문이라는 것을 알게 된 아버지는 도끼로 그 앵두나무를 찍어 버렸다.

여운형의 집은 양반집이라고는 하지만 가난한 농촌이었기에 여름에는 보리밥을 먹었다. 그런데 그의 집안일을 돌보는 종 하나가 쌀장사를 하여 그 집에는 쌀밥이 있었다.

"도련님, 잠깐 저희 집에 좀 가시지요."

종의 아내는 어린 여운형이 귀여워서 집에 데려다가 쌀밥을 먹였다.

"음, 맛있는 걸. 잘 먹었습니다."

여운형은 입을 닦으며 깍듯이 인사를 하였다.

이 사실을 그의 아버지가 알고야 말았다.

"세상에, 감히 종놈이 양반의 아들에게 밥을 먹여! 그놈을 당장 데려오너라."

여운형의 아버지는 상놈이 양반집 아이를 데려다가 밥을 먹였다고 크게 야단을 쳤다.

언젠가는 어떤 상민이 여운형에게 농담을 걸었다.

"도련님, 도련님의 태몽은 태양이었다면서요? 그래서 그런지 도련님의 얼굴은 훤하십니다!"

이것을 안 집안 어른들은 상놈이 양반집 도련님을 함부로 대했다고 매우 화를 냈을 뿐만 아니라 그의 아버지는 그 상민을 잡아다가 때리기까지 했다.

결국 이런 일들로 인해 여운형은 아버지에게 불만을 품게 되었고, 이런 사회 제도의 나쁜 점에 대해 자기 나름대로 새로운 생각을 갖게 되었다.

'같은 사람인데 종은 무엇이고 양반은 무엇인가? 이런 세상이 올바른 것인가?'

그런 아버지에 비하여 어머니는 여운형을 굳센 기상을 지닌 사람으로 기르기 위해 남다른 정성을 기울였다. 어머니는 몸집이 컸고, 힘도 세었으며, 남에게 지는 것을 싫어했다. 여운형 일가가 동학 농민 운동 때 충청도로 이사를 간 적이 있었다.

"당분간 이 산속에서 살자."

아버지와 집안의 어른들은 단양의 산속에서 살기로 작정하였다.

"그럴 수는 없습니다. 양반의 자식들이 산속에서 짐승처럼 배우지 않고 살 수는 없습니다. 저는 고향으로 돌아가겠습니다."

여운형의 어머니는 아이들과 종 몇 명만을 데리고 고향인 양평으로 돌아올 정도로 자식들의 교육에 열성적이었다. 뿐만 아니라 그의 어머니에게는 남자들도 꼼짝 못하게 하는 억센 힘이 있었다.

여운형의 먼 친척 되는 사람은 이런 말을 하기도 했다.

어느 해 난리를 피하여 우리 가족이 잠시 여운형의 집에서 함께 산 적이 있었는데, 그때 보니 여운형의 어머니에 의하여 집안 살림이 유지되고 있있지요. 남자들을 꼼짝 못하게 하는 힘을 가진 사람이 바로 여운형의 어머니였습니다.

여운형의 외모와 체격, 그리고 체력 등은 아버지보다는 어머니를 닮았는데, 특히 남에게 아첨하지 않고 또 지기 싫어하는 성격은 개성이 뚜렷한 어머니를 더 닮아 있었다.

훗날 여운형이 우체학교를 다니다가 그만두는 문제로 아버지와 다투고 난 뒤에 어머니의 무덤에 찾아가 이럴 때 어머니가 계셨더라면 자신의 심정을 이해해 주셨을 것이라고 하면서 울었던 것을 보면 평소 여운형이 어머니를 마음 깊이 따랐음을 알 수 있다.

여운형의 부모는 자주 말다툼을 하였다.

"이봐요. 운형이 녀석 요즈음 말하는 것이 맹랑한데, 어미 입장에서 고치도록 잘 좀 타일러 보구려."

"그게 어째 제가 할 일인가요? 그저 아버지 닮아서 성질은 있어 갖고……."

"뭐라고, 내 성질이 어때서?"

"늘 급하잖아요. 앞뒤 사리도 따져 보지 않고, 우선 불같이 성질만 내니……."

"이런, 여자가 하는 말이 뭐 그래?"

"아니, 여자는 올바른 말도 못하고 살아야 하나요?"

서로 지기 싫어하는 성격이어서 별것 아닌 일로도 항상 싸움이 커졌고, 여운형은 그런 모습이 몹시 싫었다. 그는 그렇게 살지 않기 위하여 스스로를 다잡으며, 감정 폭발을 억제하는 데 힘썼다. 몹시 급한

성격의 여운형이 스스로 꾹 참고 견디면서 남과 함께 하는 심성을 지니게 된 것은 불리한 환경을 자신에게 맞도록 스스로 이끌어 간 결과였다.

여운형의 집은 손님 대접을 잘하기로 소문이 나 있었다.

"날이 저물어서……. 여기서 하루 저녁 쉬어 가게 해 주시면 고맙겠습니다."

그날도 길 가던 사람이 여운형의 집에 들어섰다.

"그럼요. 길 나서면 고생이지요. 누추하지만 내 집처럼 쉬었다 가시지요."

여운형의 아버지와 어머니는 매번 이러했다.

그의 집에는 매일 서너 명의 손님이 들렀는데, 먹을 것은 물론이고 돈까지 쥐어 줘야 할 형편의 사람들도 있었다. 집안 살림은 넉넉지 못했지만 손님 대접에는 정성을 다하였다. 찾아오는 손님을 정성껏 대접하는 부모님의 모습을 보고, 그런 집안 분위기를 느끼며 여운형은 자랐다.

2. 훌륭한 인물이 될 아이

여운형이 5세가 되던 어느 날이었다.

"운형아, 이리 좀 오너라."

할아버지가 여운형을 마당으로 불러냈다. 할아버지의 손에는 활과 화살이 들려 있었다.

"남자라면 활쏘기를 배워야 하느니라. 자, 따라오너라."

할아버지는 여운형을 데리고 활터로 나갔다.

"그래, 다리는 이렇게 벌리고, 왼팔로 활을 잡은 다음, 화살을 메겨 힘껏 오른손으로 당기거라."

여운형은 할아버지가 일러 주시는 대로 활을 쏘았다. 처음에는 활줄을 당기기도 힘들었다. 조금 줄을 당기면 활을 잡은 왼팔이 오른팔 쪽으로 이끌려 오기도 했다.

"이 녀석아, 밥은 어디로 먹었길래 힘쓰는 게 그 모양이냐?"

할아버지는 여운형을 나무라면서도 귀엽기 그지없는 손자여서인지 다시 자세를 잡아 주곤 하였다. 어느새 할아버지와 귀여운 손자가 내뿜는 입김이 뜨겁게 섞이고 있었다.

여운형은 여느 아이들과 마찬가지로 연날리기, 씨름, 술래잡기 등을 매우 즐겼다. 동네 아이들과 씨름도 하고 뒷동산 잔디밭에서 뒹굴기도 했다.

"자, 이제 멀리뛰기를 해 보자."

여운형의 멀리뛰기 솜씨를 잘 아는 아이가 이마의 땀을 닦으며 땅바닥에 선을 그었다.

"여기서부터 뛰는 거야. 먼저 네가 하고, 그 다음은 너, 그 다음은 너, 그리고 운형이는 제일 나중에 하자."

아이들은 있는 힘을 다해서 멀리뛰기를 하였다. 먼저 그은 선에서부터 한 명씩 멀리뛰기를 할 때마다 땅에 닿은 부분이 차례로 표시되었다. 마지막으로 여운형이 뛸 차례가 되었다. 여운형은 맨 처음에 그은 선에 두 발끝을 댄 후 양발을 어깨 넓이로 벌리고 섰다.

"하나, 둘, 셋!"

아이들이 소리를 지르자 여운형은 획 솟구쳤다.

"역시!"

여운형은 먼저 뛴 아이들이 닿은 부분을 모조리 뛰어넘어 가장 멀리에 떨어졌다. 멀리뛰기에서는 그를 당해낼 사람이 없었다. 그 나이에 어울리는 개구쟁이의 모습 그대로였다.

날이 저물 무렵, 집으로 돌아올 때는 옷과 버선이 흙으로 엉망이 되어 있었다. 놀기 좋아하고, 여러 가지 내기에서 상대가 없었기 때문에 그는 같은 또래들을 이끌어 갔다.

그러나 그가 친구들의 대장 노릇을 한 데에는 그의 성격이 더 크게 작용했다. 그는 친구들을 잘 사귀었고, 자신이 가진 것을 친구들에게 아낌없이 주었으며, 종의 아이들에게 남다른 동정심을 가지고 있었다. 특히 상민이나 종들이 양반한테 멸시 받는 것을 매우 못마땅하게 생각하고 있었다.

"오늘도 너는 종놈들하고 놀았느냐?"

옷에 잔뜩 흙을 묻히고 돌아온 여운형을 붙잡아 놓고 아버지는 눈을 부라렸다.

"……."

여운형은 대답 대신 옷에 묻은 흙을 비비고 서 있었다.

"집안을 망하게 할 자식 같으니라고, 쯧쯧쯧."

여운형이 상민이나 종의 아이들과 잘 어울리는 것을 보고 그의 아버지는 집안을 망하게 할 녀석이라고까지 말하였다. 그러나 여운형은 오히려 나이가 먹을수록 동네의 종이나 상민이 죽으면 누구보다 앞에 나서서 일을 거들었다. 양반이 죽었을 때처럼 죽은 사람의 이미 굳은 팔다리를 바로잡아 주기도 하고, 죽은 사람의 가족들과 함께 관 옆에서 밤을 새워 주기도 하였다.

여운형의 육촌동생은 여운형에 대한 기억을 이렇게 말하고 있다.

그때 운형 형님은 종 아이들과 어울려 장난치고 그 아이들을 잘 데리고 놀았대요. 어른들이 못하게 하면 몰래 눈을 피해 어울려 놀더래요. 한번은 나이 든 종 한 사람이 죽었는데 사람들이 좀체 상여를 메려 하지 않았대요. 할 수 없이 운형 형님이 팔을 걷어붙이고 서둘러 나서서 메니까 그제야 사람들이 주섬주섬 상여 채를 잡더라나요? 그분은 그렇게 서민적이었지요. 그 시절에 양반 도련님이 종과 어울리고 게다가 종의 상여까지 메다니. 암, 어림도 없는 일이었지요.

이웃 마을에 사는 천성이라는 아이가 장티푸스를 앓고 있었다.

"곧 죽을 것 같구먼."

마을 사람들은 열에 들떠 헛소리를 하다 정신을 잃곤 하는 천성이를 보며 한마디씩 하였다.

"장질부사(장티푸스)는 전염성이 강하다는데……."

마을 사람들은 천성이네 집 근처에 가는 것조차 꺼렸다.

천성이가 어쩌다 정신이 들었을 때였다.

"운형이가 보고 싶은데……."

이 이야기를 전해 들은 여운형은 천성이네 집으로 달려갔다.

"괜찮아. 죽지 않을 테니 힘내."

여운형은 천성이의 머리를 자신의 무릎에 올려놓고 손을 꼭 잡아 주며 위로하였다. 그러나 천성이는 운형이의 무릎을 벤 채 이내 죽고 말았다.

장티푸스라고 하면 누구나 다 무서워하는 전염병이어서 그 병에 걸렸거나 그 병으로 죽은 사람 곁에는 가까이 가기를 싫어했는데, 여운형은 그 아이를 관에 넣어 묻어 주기까지 했다.

그 시절 양반집 아이가 종이나 상민의 아이들과 어울리거나 죽은 사람을 만지는 것은 상상조차 할 수 없는 일이었다.

여운형이 함께 살아가는 사람들에 대하여 어떤 마음을 가지고 있었는가를 알 수 있는 이야기가 또 있다.

여운형은 말을 타고 이따금 서울 구경을 갔다. 어떤 때는 길가에서 점심 식사를 하는 마을 사람들과 마주치기도 했다. 그럴 때면 그는 말에서 내려 식사하는 사람들 앞을 조심스럽게 지나가곤 했다.

한번은 역시 말에서 내려 걸어가는데 사람들이 부르는 소리가 들렸다.

"반찬은 별거 없지만, 점심 좀 같이 드시지요."

여운형은 배가 고프지는 않았지만 농부들이 자신을 양반집 자식이라고 멀리하지 않고 불러 주는 것이 반갑고 고마웠다.

그는 걸음을 멈추고 말했다.

"내가 먹을 밥이 있소?"

"있다 뿐입니까. 이리 앉으시지요."

농부들은 여운형이 앉을 자리를 마련해 주었다. 여운형은 농부들과 어울려 보리밥을 맛있게 먹었다. 상민인 농부들의 점심 자리에 양반

도련님이 함께 한다는 것은 그 당시로서는 있을 수 없는 일이었다.

"여운형은 비록 나이는 어리지만 사람 차별을 하지 않고, 겸손한 사람이야. 반드시 훌륭한 인물이 될 거야."

이런 이야기가 마을 사람들의 입에 오르내리게 되었다.

여운형의 어머니는 여운형 위로 삼 남매를 낳았으나 모두 죽고 서른 살이 넘어서야 여운형과 동생을 낳았다. 그 때문에 여운형 형제를 더욱 사랑했고, 그들 형제간의 우애도 유달리 깊었다.

여운형이 열한 살 때였다.

"야, 이리들 와 봐. 여기 근사한 절벽이 있다."

여운형의 여섯 살 된 동생 여운홍은 마을 아이들과 함께 산에서 놀다가 절벽을 발견하였다.

"멋있는데! 한번 쭈르르 내려가 볼까?"

아이들은 절벽 가까이에서 아래를 내려다보며 감탄하고 있었다.

"나도 보자."

여운홍은 절벽 끝으로 다가섰다. 그 순

간이었다.

"아아악!"

그는 순식간에 절벽 아래로 구르고야 말았다.

"운홍이가 떨어졌다."

같이 있던 아이들은 도망쳐 버리고 여운형의 동생 여운홍은 떨어진 자리에서 일어나지 못한 채 울고만 있었다. 해가 졌는데도 동생이 돌아오지 않자 여운형은 동생을 찾아 나섰다.

"운홍아, 어디 있니?"

여운형은 동생의 이름을 부르며 산속을 헤맸다. 마침내 산골짜기에서 울고 있는 동생을 발견하였다.

"거기 가만히 있어. 내가 내려갈게."

여운형은 절벽 아래로 내려가서, 다친 동생을 업고 집으로 돌아왔다.

여운형은 어렸을 때부터 도깨비나 귀신을 믿지 않았다. 귀신이 나온다는 상엿집이나 빈집을 밤에 혼자 찾아다니기도 했고, 도깨비가 나타난다는 산골짜기나 물가를 혼자서 돌아다니기도 했다.

하루는 이런 일이 있었다. 여운형은 시골에서 올라온 집안의 여러 어른들을 모시고 명승 고적을 안내하게 되었는데 일부러 동대문 밖 어떤 큰 집으로 안내를 했다. 그 집에 이르러 어른들에게 이렇게 소개하였다.

"이곳이 관우 장군의 묘입니다."

"뭐라고, 관우 장군의 묘?"

관우는 〈삼국지〉에 나오는 유명한 장수로서 여몽에게 죽임을 당하였다. 그래서 여씨가 관우 장군의 묘에 가기만 하면 죽는다는 말이 있있다. 그 말을 믿고 있던 여러 어른들은 관우 장군의 묘라는 말에 모두 놀라 그곳에서 달아나고 말았다. 여운형은 이 허황된 소문이 옳지 않다는 것을 보여 주려고 일부러 그랬던 것이다. 달아나는 어른들의 모습을 보며 여운형은 씁쓸하게 웃기만 했다.

여운형은 14, 15세경에 처음으로 서양의 문물을 접하게 되었다.

그 당시 여운형의 친척이 배재학당에서 영어 선생님으로 있었다.

"운형아, 학당 한번 둘러볼래?"

그의 안내로 배재학당을 구경하게 되었다.

"서양 문물도 대단하군!"

여운형은 이렇게 중얼거리며 교장 선생님인 아펜젤러의 집도 구경하였다. 그제야 그는 서양 문화 중에는 조선의 문화보다 훨씬 앞선 것이 있다는 것을 알게 되었다.

"아버지, 저도 배재학당에 다닐 수 있도록 해 주십시오."

집으로 돌아온 여운형은 아버지에게 배재학당에 다닐 수 있게 해 달라고 말하였다. 그때까지도 여운형은 상투를 틀고, 갓을 썼으며, 흰 두루마기를 입고 다녀야 했다.

"서양 놈들 학문은 배워서 뭐 하려고? 안 된다."

물론 아버지는 반대하였으나 여운형은 다음해인 1900년에 우리나라 최초의 근대적 사립 남자 학교인 배재학당에 입학하게 되었다.

배재학당에서는 월요일 아침이면 학생들이 일요일 예배에 참석하였는지를 확인하였다.

본래 운동을 좋아하는 여운형은 친구들과 함께 남산에 가서 운동을 하며 실컷 뛰어 노느라 일요일 예배에 참석하지 못했다.

"예배에 참석하지 않은 사람은 손을 들라."

선생님이 그렇게 말씀하시면 여운형 혼자만 솔직히 손을 들었다.

"수업이 끝난 후 한 시간 정도 더 자습을 하고 가도록!"

여운형은 벌을 받았다. 정직한 사람은 벌을 받고, 그렇지 않은 사람은 벌을 받지 않는 것은 옳지 않다고 생각한 여운형은 배재학당을 나와 흥화학교로 옮기게 되었다.

3. 새로운 생각의 실천

"뭐라고, 민영환 선생님이 돌아가셨다고?"

1905년, 힘없는 조선의 왕과 나라를 일본에 넘기기로 한 대신들에 의하여 일본과 을사조약이 맺어졌다. 그가 다니던 흥화학교를 세운 민영환은 국민에게 알리는 유서를 남기고 자살하였는데, 그를 매우 존경하던 여운형은 그 글을 한 글자도 빼놓지 않고 외웠다고 한다.

이 당시 여운형은 가정 형편상 흥화학교를 그만두고 나라에서 운영하는 우체학교에 다니고 있었다. 졸업 후에 가정 살림에 조금이라도 보탬이 될 수 있도록 직업을 갖기 위해서였다. 일본이 을사조약에 따라 지금의 정보통신부인 통신원을 손에 넣게 되자 우체학교도 일본인이 관리하게 되었다. 여운형은 그 직전에 동급생 20여 명과 함께 이를 반대하는 일에 나서기도 했다.

졸업을 한 달 정도 앞두고 여운형은 우체학교를 그만두게 되었다. 졸업 후에는 많은 월급을 받으며 안정된 생활을 할 수 있었지만, 그는 일본인이 관리하는 학교는 더 이상 다닐 수 없다고 생각했던 것이다.

"아버님, 우체학교를 그만두어야겠습니다. 망한 나라가 주는 밥은 결코 먹을 수 없습니다."

"너의 생각은 기특하지만 너 혼자의 힘으로 기우는 나라를 바로잡지는 못할 것이다. 마음을 돌리도록 하거라."

그의 아버지는 여운형을 달랬다.

"아무렴. 무슨 일을 하든 임금을 위하고, 백성을 위하는 일이 되는 것이니 그렇게 하게."

그 자리에 있던 이 진사라는 사람도 여운형에게 우체학교를 계속 다닐 것을 권하였다. 이 말은 한 사람의 편안함만을 찾으라는 말과 다름이 없었다. 여운형은 이 진사에게 소리를 지르며 대들었다.

"노대제 어른께서는 성신이 올바로 있는 겁니까?"

결국 여운형은 우체학교를 그만두고 고향으로 돌아왔다. 그러고는 고향의 여러 마을을 돌아다니면서 민영환이 스스로 목숨을 끊은 이유를 알리고 나라를 구하기 위한 길거리 연설을 시작하였다.

당시 그의 고향 양평의 군수는 일본 편이었으면서도 여운형의 연설에 감동하여 눈물을 흘렸고, 나라를 걱정하는 여운형을 칭찬하는 데 주저하지 않았다.

그 무렵 여운형의 아버지마저 세상을 떠났다. 여운형은 이제 한 가정의 기둥이 되었다. 여운형은 고향 집에 머무르며 집안일을 거들었다. 그러면서 그는 독서도 하고 체력 향상에도 힘써 철봉, 씨름, 수영 등 못하는 운동이 없을 정도였다. 그의 타고난 체력과 우람한 체격은 많은 어려움 속에서도 그를 지켜 낸 바탕이 되었다.

그 무렵 일본은 조선 군대를 해산시켰다. 이에 따라 해산당한 군인들은 전국 각지에서 의병 운동에 함께 나섰으며, 곧이어 이 의병 운동은 나라의 힘을 되찾기 위한 독립운동으로 바뀌었다.

의병대에서는 똑똑하고, 옳지 않은 일을 보면 참지 못하며, 연설도 잘하는 여운형을 대장으로 삼으려고 하였다. 그러나 여운형은 부모님이 돌아가신 지 얼마 되지 않아 함부로 세상에 나설 수 없다며 극구 사양하였다.

그렇다고 어지러운 세상을 바라보고만 있을 수는 없다고 생각한 그는 고향에서 이웃 동네의 젊은이들을 모아 서양의 새로운 학문을 가르치기 시작하였다. 사랑방에서 시작된 교육 활동은 얼마 지나지 않아 마을에 정식 사립 학교인 광동학교를 세우는 계기가 되었다. 역사·지리·산술·성경 등의 신학문을 가르치기 시작한 학교로는 광동학교가 그 일대에서 최초였다.

아버지의 삼년상을 치르고 난 여운형은 자신이 그동안 생각하고 믿었던 바를 실천하기 시작했다. 제일 먼저 그가 한 일은 자신의 상투를 자른 것이었다. 이미 서양의 문물과 학문을 경험하고 편리한 생활이 어떤 것인가를 알고 있었던 여운형에게 상투는 매우 불편한 것이었다. 부모가 물려주신 신체의 일부분을 다치게 하는 것은 가장 큰 불효라고 믿고 있던 주변 사람들에게 여운형이 상투를 자른 사건은 참으로 엄청난 충격이었다.

뿐만 아니라 여운형은 집 안 가득 모셔져 있던 조상 신들을 모두 땅

속에 묻어 버리고, 울긋불긋한
솜 인형들도 모두 불태워 버렸다.
동네 사람들이 몰려나와서 구경을 하는 사이
에 여운형은 자신의 집에 있는 종들이 모두 자유롭게
살 수 있도록 노비 문서도 불살라 버렸다. 인간은 날 때부터
평등한 것이니 이제부터는 종이니 주인이니 하는 낡은 생각을 버리고
제각기 나가서 살도록 한 것이었다.

  이미 1894년에 노비들을 해방시키도록 했던 갑오경장이라는 개혁이 있었지만 실제로 양반들은 여전히 종을 짐승처럼 부려먹고 있었다. 양반과 상민의 계급이 존재하고 있었던 그때에 청년 여운형의 행동은 그가 늘 부르짖던 인간 존중의 실천이었다. 이 사실이 널리 알려지자 많은 사람들이 여운형을 야단치는가 하면 심지어 어떤 양반들은 협박을 하기도 했다. 여운형의 행동으로 인하여 자신들의 생활이 불편해지고 큰 손해를 볼 것이라고 생각했기 때문이다. 청년 여운형은 오히려 그들을 이해시키기 위해 애를 썼다.

  여운형의 생각은 다음과 같았다.

신이나 모시고 남에게 보이기 위한 제사나 지내는 것이 조상에 대한 효도는 아닙니다. 그렇게 하는 것보다 사람으로서 바르게 살아가는 것, 조상에게 욕되는 일을 하지 않는 후손이 되는 것이 오히려 조상을 받드는 후손의 올바른 태도입니다. 그리고 내가 종들을 모두 자유롭게 풀어 준 것은 사람은 태어날 때부터 자유롭고 평등하며, 개인의 삶은 모두 소중한 것이라는 생각 때문입니다. 이미 서양의 깨어 있는 나라에서는 모든 사람들의 권리가 보호받고 있는데, 유독 우리나라에는 여전히 종이니 상놈이니 하는 제도가 있으니 이것이야말로 부끄러운 일입니다. 미국에서는 이미 오래 전에 노예를 해방시켜 그들의 수준을 세상에 널리 알렸습니다. 이제 우리 조선은 그런 잘못된 생각들 때문에 일본에게 나라를 빼앗기는 지경에까지 이르지 않았습니까?

　어느 토요일, 여운형은 당시 연설을 잘하기로 이름이 높았던 안창호 선생의 강연을 들으러 갔다. 안창호 선생의 강연 주제는 '대한의 장래'였는데, 그 내용은 주로 오늘날 우리나라에는 '꿈속에서 달콤한

생각만 하는 사람들', '이제 우리의 앞날은 없다고 생각하는 사람들', '그까짓 나라 걱정은 해서 뭐 하냐는 생각을 가진 사람들'만 있을 뿐 진정한 애국자나 나라를 위해 일하는 사람은 별로 없다는 것이었다. 그 강연에서 여운형은 크게 감동을 받았고, 그도 안창호 같은 애국자가 되어 나라를 위해 목숨을 바치겠다고 결심하였다.

  그 후 여운형 형제는 틈만 나면 독서를 하였고 열심히 토론도 하였다. 어떤 날은 나라를 반드시 구하겠다는 결심을 하고, 또 어떤 날은 그 무렵의 나라 꼴에 대하여 울분을 토하기도 하며 매우 뜻 있는 시간을 보냈다. 그들은 그렇게 나라를 걱정만 한 것이 아니라 뜻 있는 일을 하기 위해서는 신체를 꾸준히 단련시켜야 한다고 생각하여 각종 운동도 열심히 하였다.

4. 애국심으로 무장한 연설 활동

　1908년 당시 우리나라는 일본에게 많은 빚을 지고 있었다. 일본은 1894년 청일 전쟁 때부터 조선에게 적극적으로 돈을 빌려주기 시작했다. 경제적으로 조선을 자신의 손아귀에 넣게 된 일본은 이를 바탕으로 식민지 건설을 위한 작업을 추진해 나갔다.

　일본 정부는 1904년부터 1906년까지 2년 동안 우리나라에 1,300만 원이라는 거금의 돈을 빌려 주었다. 이러한 일본의 지원은 조선 정부와 국민의 경제적 독립을 근본적으로 위협하는 것이었으므로 일부 뜻 있는 지식인들을 중심으로 이에 대한 자각과 경계의 목소리가 나오기 시작하였다.

　서상돈 등이 앞장서서 전 국민의 절약과 모금 운동으로 일본에게 진 빚을 갚자는 움직임이 일어나게 되었다.

　"나도 가만히 있을 수는 없지."

　여운형도 양평에서, 각 장터를 돌아다니며 담배를 끊어 모은 돈으로 나라의 빚을 갚자는 연설을 하였다.

　"음, 역시 형의 웅변은 힘이 있어!"

여운형의 동생 여운홍은 연설을 들은 사람들의 반응을 살펴보고, 그의 연설의 잘된 점과 잘못된 점을 일일이 지적해 주었다.

연설은 여운형의 소질이 한껏 발휘되는 장이었다. 여운형이 가는 곳마다 그의 연설을 듣기 위해 많은 사람들이 모여들었다. 그때 여운형은 말만 앞세운 연설을 한 것이 아니었다. 그 자신도 담배를 끊고 다시는 담배를 피우지 않음으로써 자신의 말을 실천하였다.

여운형이 대중 연설을 통해 애국 정신을 북돋우는 일에 나선 것은, 앞에서도 말했듯이 도산 안창호 선생의 강연에서 영향을 받은 바가 컸다.

그 당시에는 글을 통하여 자신의 생각을 전달하는 데 한계가 있었다. 글을 모르는 사람들이 많았고, 글을 발표할 만한 잡지나 책의 발간도 쉽지 않던 시기였다. 결국 여운형이 택한 것은 사람들이 많이 모이는 곳에서 하는 연설이었다. 더구나 잘생긴 외모의 청년 여운형의 연설은 듣는 이들을 끌어당기는 강한 호소력이 있었다. 이때의 연설을 통한 사회 활동은 훗날 그가 정치가로서 성장하는 데에 큰 도움을 주었으며, 우리 역사상 손꼽히는 웅변가의 길을 다지는 밑거름이 되기도 했다.

연설을 잘하기로 이름이 높았던 그는 훗날 일본 도쿄에서 열변을 토하여 일본 사회를 들끓게 하기도 하고, 해방된 뒤 휘문중학교에서 피를 토하는 연설을 함으로써 수많은 사람들을 감동시키기도 하였다.

여운형의 연설은 웅변에 가까웠다. 가슴 가득한 애국 정신을 바탕으로 한 그의 연설에는 그가 알고 있는 풍부한 학식은 물론 시사 문제에 대한 정확한 분석과 판단이 있었다. 그런 까닭에 그의 연설은 물 흐르듯 자연스러웠고 구체적이었으며, 넓은 포용력으로 가슴에 와 닿는 감동이 있었다. 그의 연설은 마치 친근한 이웃에게 이야기하듯이 재미가 있으면서도 힘이 있어 연설의 모범을 보여 주었다. 다음의 연설을 살펴보면 그것을 쉽게 알 수 있다.

해방된 오늘, 지주와 돈 있는 사람들만으로 나라를 세우겠다고 생각하는 사람이 있으면 어디 손들어 보시오. 지식 있는 사람, 사무원반으로 나라를 세우고자 하는 사람이 있다면 역시 손들어 보시오. 농민과 노동자만으로 나라를 세우겠다고 우기는 사람이 있으면 어디 한번 손을 들어 보시오. 손을 드는 사람들이 하나도 없구먼요! 그렇습니다. 일제 통치 36년 동안 우리 민족에게 씻을 수 없는 반역적 죄악을 저지른 극소수만을 제외하고 우리는 다같이 굳게 손을 잡고 건국 대업에 매진해야 합니다. 우리 조상들은 일찍이 압록강과 두만강 저쪽의 광활한 만주 땅에서 용맹을 떨치고 웅지를 펴지 않았습니까? 만주 지안 현에 있는 광개토대왕비는 이를 잘 증명해 주고 있습니다. 또 문화적으로는 금속 활자와 고려청자 그리고 훈민정음 등 세계에 자랑할 만한 뛰어난 민족 유산을 간직하고 있습니다. 이러한 민족적, 문화적 긍지를 가지고 세계의 흐름에 발맞추어 우리는 건국 대업에 임해야 합니다.

여운형은 직접 눈앞의 사람들을 대상으로 연설을 함으로써 대중 정치가로서의 능력과, 많은 사람들의 뜻을 순식간에 하나로 모으는 선동가로서의 능력도 지니게 되었다.

또한 그는 다수의 대중들을 향한 연설에도 능했지만 일대일의 토론에도 대단한 능력이 있었다. 일본에서 만난 일본의 많은 지도자들과의 토론에서 여운형은 늘 그들을 꼼짝 못하게 만들곤 하였다. 해방 후 미국의 신문사 기자와 회견하며 나눈 이야기를 보면 이를 잘 알 수 있다. 이때 여운형에게는 공산주의자라는 꼬리표가 따라다니고 있었다.

미국의 기자들이 첫 질문을 던졌다.

"사람들은 당신을 공산주의자라고 하는데, 이 말에 대해 어떻게 생각하십니까?"

여운형이 되물었다.

"당신은 중국의 쑨원을 압니까?"

"알고 있습니다."

"쑨원은 공산주의자입니까?"

"아닙니다."

"그렇다면 문제는 간단합니다. 쑨원은 당시 외국의 침략으로 신음하고 있는 중국을 구하기 위해 어쩔 수 없이 공산주의를 받아들이는 정책을 쓸 수밖에 없었습니다. 우리 조선은 현재 외국 손님이 안방과 사랑방을 각각 하나씩 차지하고 있습니다. 그들은 두말할 나위 없이 우리의 해방자요 은인입니다. 미국을 끼고 소련은 나쁘다,

또 소련을 끼고 미국은 나쁘다고 말하면 되겠습니까? 고마운 두 손님을 잘 모시다가 하루빨리 두 손님은 보내고 우리 손으로 우리 살림을 꾸려 나가야 합니다. 내가 소련에 대해서 좋게 말하면 미국을 좋아하는 사람들은 나를 공산주의자라고 말하고, 내가 미국 사람들과 사이좋게 지내면 사람들은 나를 친미주의자라고 말합니다. 우리에게는 두 손님들의 좋은 의견을 적절히 받아들여 오천 년 동안 끊임없이 이어져 내려온 아름다운 강산에 이상적인 새 국가를 건설하는 것이 제일 급합니다."

이처럼 여운형은 원칙에 근거한 대화와 설득, 양보와 타협을 중시했으며, 폭넓은 지식과 상대를 순간적으로 제입하는 뛰어난 판단력, 그리고 두둑한 배짱이 있었다.

5. 중국으로 가다

　1909년 겨울, 여운형은 광동학교를 믿을 만한 사람에게 맡기고, 이듬해 봄에 강릉으로 갔다. 여운형과 뜻이 맞는 남궁억이라는 사람이 그와 함께 일하기를 간절하게 원했기 때문이다. 여운형은 사립 학교를 세워서 훌륭한 사람을 키우고, 때가 되면 의병을 일으켜서 나라를 위해 일을 해 보겠다는 생각을 가지고 있었다. 그는 그곳에서 초당의숙이라는 학교를 세우고 학생들을 가르쳤다.
　여운형의 동생 여운홍도 가까운 곳에서 학생들을 가르치면서 지방 사람들과 청년들의 애국 정신을 드높이는 데 온 힘을 쏟았다. 이들과 함께 하는 청년들의 배움에 대한 열기와 애국심은 더없이 드높았다.

무쇠 팔뚝 돌 주먹 소년 남아야
애국의 정신으로 분발하여라
네 아무리 네 아무리 그리하여도
이 강산과 내 정신은 못 뺏으리라.

당시 초당의숙에서 공부한 사람들은 이런 노래를 부르며 나라 사랑의 마음을 키워 갔다. 강릉의 초당리에서는 지금도 이 노래가 많은 사람들의 입에 오르내리고 있다.

그러나 1910년, 드디어 조선은 일본에게 완전히 나라를 빼앗기고 말았다. 나라의 주인으로서 가질 수 있는 모든 권리와 땅 덩어리를 일본에게 송두리째 빼앗긴 것이다. 이는 대륙으로 뻗어 가기 위한 일본의 지나친 욕심이 낳은 결과였지만, 한편으로는 조선 정부 관리들이 나라를 제대로 다스리지 못하고 자신의 지위를 이용해 개인적인 욕심만 채우려 했기 때문이기도 했다. 이로부터 우리나라는 36년이라는 세월 동안 어둠 속에서 살아야만 했다. 많은 국민들에게는 분노와 아픔을 견뎌야만 하는 시간이었던 것이다.

"뭐라고, 조선이 망했다고?"

여운형은 여름 방학을 맞아 학교에 선생님을 더 모셔오고 오랫동안 못 만났던 친구들도 찾아볼 생각으로 고향에 돌아왔다가 나라가 망했다는 소식을 들었다. 이미 그렇게 되리라고 짐작은 했었지만 하늘이 무너지는 것 같았다. 그때의 심정을 그는 1946년 8월, 어느 잡지에 이렇게 적었다.

햇수로 37년 전, 내 나이 그때에 25세, 혈기 왕성한 때였습니다. 누구나 그 나이를 경험해 보았겠지만 그 나이에 그러한 일을 당하매 실로 천지가 아득하고 주먹이 불끈 쥐어지며 땅을 치고 울

어도 시원치 않고 펄펄 날뛰어도 별 도리가 없었습니다.

그러나 여운형은 어두운 나라의 형편을 한탄하고 있지만은 않았다. 오히려 나라를 구하겠다는 생각이 더욱 불붙었다.

"이제 조선은 망하였으니, 대일본 제국의 연호를 쓰도록 하라."

일본과 합쳐진 다음 날부터 모든 기관에는 일본과 똑같은 연호를 쓰라는 명령이 내려졌다. 우리는 그 당시 단군이 나라를 세운 때를 시작으로 하는 '단기'를 사용했는데 일본 것을 본받아 '명치'라는 연호를 쓰게 한 것이다. 이는 그 당시에 나라만 빼앗긴 것이 아니라 우리의 오래된 역사까지 빼앗긴 것을 뜻한다.

"그렇게 할 수는 없어."

여운형이 이끌어 가고 있는 초당의숙에서는 여전히 단군 기원을 사용하였다.

"초당의숙, 문을 닫고 싶은가?"

경찰서장도 학교를 계속 운영하려면 명치 연호를 쓰라고 협박하였다. 여운형은 할 수 없이 현재 우리가 사용하고 있는 서력 기원을 썼는데 일본은 그것도 안 되니 명치 연호를 쓰라고 강요했다. 이처럼 일본 경찰이 집요하게 명치 연호 사용을 강요한 것은, 초당의숙이 그저 교육만 하는 일반적인 학교가 아니라 일본에 반대하는 정신을 강하게 심어 주는 학교라는 것을 눈치 챘기 때문이었다. 여운형이 이에 굽히지 않고 계속 서력 기원을 사용하자 그해 겨울, 경찰서장은 초당의

숙의 문을 닫게 하고 여운형과 선생님들에게 그곳을 떠나도록 명령하였다.

여운형이 강릉을 떠난 것은 1911년 봄이었다.

초당의숙에서 나온 여운형은 한동안 이곳저곳을 떠돌아다녔다.

여운형은 할아버지한테 어려서부터 많이 들어 왔던 중국으로 갈 생각이었다. 한번 중국에 가면 언제 다시 금강산을 볼 수 있을지 모른다는 생각이 들어서 금강산에 들르게 되었다. 금강산에서 여운형은 나라를 빼앗긴 울분을 토하였다. 조선에서 가장 아름답다는 금강산의 경치는 여운형의 마음을 더욱 답답하고 슬프게 하였다. 그러면서 여운형은 이 아름다운 조선을 반드시 되찾고야 말겠다는 생각을 가슴 가득 품었다.

잠시 양평의 고향에 들렀던 여운형은 다시 서울로 떠났다. 먹고살 방편으로 외국인 선교사 곽안련(클라크)이 목사로 있는 승동교회의 일을 도와주면서, 그곳에서 그와 뜻을 같이 하는 사람들과 앞날을 대비했다. 그는 교회 일을 돌보면서 목회자가 되어 어둠 속에서 희망을 잃은 우리 동포들을 하느님의 말씀으로 위로하고, 그들에게 구원의 길을 안내하겠다는 신념으로 2년여 동안 신학을 공부하기도 하였다.

그 당시 많은 사람들은 기독교를 통하여 서양의 발달된 문물을 받아들이기 위해 여러 모로 노력하고 있었고, 여운형도 그 중 한 사람이었다. 뿐만 아니라 여운형은 기독교를 통하여 세계를 바라보는 안목을 길렀다. 사실 그 당시 조선에 전해진 서양 문물은 서양의 선교사들에

의한 것이 대부분이었고, 그런 서양 문물을 통해 조선 이외의 세계에 대하여 눈을 뜨게 된다는 것은 매우 중요한 변화였다.

여운형이 기독교와 처음 만난 것은 1907년이었다. 여운형은 항일 비밀 조직 단체인 신민회 회원들 가운데 일부가 다니던 승동교회를 드나들면서 기독교를 알게 되었고, 기독교를 통한 애국 운동에 관심을 갖게 되었다.

여운형은 일요일이면 서울로 가서 예배를 보고 곽안련 목사의 설교도 들었다. 그러면서 그는 당시의 유명한 의병장, 애국 지사들을 만나게 되었다. 의병장으로 이름 높았던 이강년과 서로 일고 지내며 깊은 관계를 맺게 된 것도 이때였고, 이동닝·이준·주시경 등을 만나게 된 것도 이 무렵이었다. 여운형은 그들과 함께 겉으로는 교회 일을 보면서 실제로는 일본에 거의 넘어간 나라의 힘

을 되찾기 위해 노력하였다. 승동교회에는 이들 외에도 애국 청년들이 많이 다녔는데, 이들은 서로 깊이 사귀며 일본으로부터 조선을 구하고자 하는 마음을 다져 갔다.

여운형은 다시 고향으로 내려왔다. 고향에서 집안일을 돌보며 독서에 열중하면서 해외로 나가 나라의 독립을 되찾아 보겠다는 계획을 세웠다.

"나는 아무래도 중국으로 나가야 할 듯싶다. 운홍이 너는 미국으로 가거라."

여운형은 국내에서는 독립운동을 하기가 불가능하다는 생각으로 동생 여운홍은 미국으로 보내고 자신은 중국으로 가기로 결심하였다. 그러나 그 당시 일본 정부는, 미국에는 일본을 배척하는 한국인이 많다는 이유로 아무나 미국으로 갈 수 있도록 허락하지 않았다. 여운형 형제는 갖은 고생 끝에 미국으로 가는 여권을 얻어 냈다. 그러나 미국까지 갈 여비가 없었다. 형제는 곽안련 목사를 찾아갔다.

"미국에 가서 나라의 독립을 위해 활동하려고 합니다. 목사님, 도와주십시오."

그러나 곽안련 목사는 그들을 도와주지 않았고, 결국 동생 여운홍은 언더우드 박사의 도움을 받아 미국으로 떠날 수 있었다.

동생을 미국으로 보낸 여운형은 만주 서북간도에 가서 신흥무관학교를 둘러보았다. 신흥무관학교는 독립 의병 활동의 장교를 키울 목적으로 세운 학교였다. 이세영·여준 같은 이들은 개인의 평안이나 행복을 모두 버리고 조국의 독립을 되찾으려는 뜨거운 애국심 하나만으로 먼 나라 깊은 산골에서 온 힘을 다하여 이 학교를 이끌어 가고 있었다.

"이게 아닌데……."

학교를 둘러본 여운형은 자기가 생각했던 것과 너무 다른 학교의 모습에 크게 실망하였다. 매우 깊은 산골이어서 자신이 생각하는 활동 무대로는 적합하지 않다고 보았다. 이 정도의 계획이나 시설로 어떻게 엄청난 힘을 가진 일본과 상대하여 독립을 되찾을 수 있을지 의문이 생겼던 것이다.

이때 중국에서는 쑨원이 중심이 되어 혁명이 일어나 새로운 중국인 중화민국이 탄생하였다. 청나라를 무너뜨리고, 외국 세력을 물리치자는 것에 목표를 둔 이 혁명은 세 가지 이념, 곧 민족·민권·민생의 삼민주의를 바탕으로 전국적인 운동으로 진행되고 있었다. 어린 시절 할아버지에게 많은 이야기를 들었던 중국에 대하여 여운형은 더욱 흥미를 느끼게 되었다.

여운형은 중국 난징에 있는 진링대학 신학부에 입학하기 위해 언더우드 박사에게 소개장을 부탁하였다. 언더우드 박사는 이렇게 말하며 소개장을 써 주었다.

"그대 같은 이가 끝까지 신학을 공부할 것 같지는 않습니다. 조선의 좋은 청년들은 대개 정치 사상에 관심이 많습니다. 그대도 반드시 그대 나라를 구하기 위하여 정치 운동으로 나아갈 것입니다."

여운형은 나머지 재산을 정리하여 서울을 떠나 중국으로 향하였다.
1914년 여운형은 진링대학 영문과에 입학하였다. 거기에서 3년 동안 학업에 힘쓰면서 그는 중국인 친구들을 비롯하여 많은 사람들을 사귀었다. 훗날 이때의 일을 여운형은 《삼천리》라는 잡지에서 다음과 같이 말하고 있다.

내가 진링대학을 다니던 스물여덟, 스물아홉, 서른 살의 삼 년간은 가장 유쾌한 시일이었다. 이렇게 이 나라 청년들과 어울려 노는 한편, 밤낮으로 필사적으로 공부를 하였다. 그래서 그렇게 어렵게 여겼던 영어와 중국어를 자유롭게 말할 수 있게 되었다. 그렇지만 나는 삼 년이 지나도록 졸업증서를 받지 못했다. 진링대학은 그 학교가 정한 모든 학과를 다 마쳐야 졸업증을 준다. 심지어 신학 같은 학과도 마쳐야 한다. 그렇지만 나는 그때 졸업증서를 받는 것이 목적이 아니었으니까 그저 입학은 영문과에 하여 가지고 영문학과 철학을 힘써 공부하였다. 학비는 내가 집 떠나갈 때에 돈을 조금 쥐고 나갔기 때문에 대학 기숙사에 들어가 첫 해와 둘째 해는 그다지 고생을 많이 하지 않고 지내다가 삼학년에 이르러는 학비가 없어서 부득이 학교에서 학비를 빌려서 학교를 마쳤다. 이 빌린 돈은 그 뒤 상하이에 와서 취직하여 곧 갚아 버렸다.

그러나 문제는 역시 돈이었다. 생활비는 물론이고 학비도 모자라는

형편이었다. 그렇지만 돈이 그의 꿈을 꺾을 수는 없었다. 더 큰 꿈을 펼치기 위하여 그는 상하이로 생활의 무대를 옮겼다. 그 당시 상하이는 난징보다 그의 꿈을 펼치기에 훨씬 더 좋은 곳이었다.

상하이에 오자 여운형은 미국인 피치 박사가 경영하는 책방에 근무하면서 생활비를 마련하였다. 그러는 한편, 상하이에 살고 있는 우리 국민들로 구성된 단체의 단장이 되어 조선 청년들을 도왔다.

"내일 아침에 떠나는 배를 구해 드리지요."

그 당시 우리의 청년들은 세계 각국에서 유학하고 있었다. 그들에게 가장 어려운 것은 배를 타고 가고 싶은 곳으로 떠나는 일이었는데, 여운형은 그런 일들을 도맡아 처리해 주었다.

이처럼 상하이에서의 생활은 무척 바빴지만 여운형은 시간을 내어 아무도 모르게 잠시 조선으로 들어왔다.

"역시 한강 물은 시원하군!"

마침 무더운 8월이었기 때문에 그는 한강에 나가서 오랜만에 수영을 즐기고 있었다. 그곳에서 그는 한 학생을 만나게 되었다. 능숙한 수영 솜씨 하나만으로도 그들은 서로 마음이 통해 이야기를 나누게 되었다.

"학생입니까?"

"예, 경성고등보통학교에 다니고 있습니다."

"이름을 물어도……."

"이범석입니다. 그런데…… 누구시죠?"

"나는 상하이에 있는 여운형이오."

"저도 중국에 가서 공부할 수 있겠습니까?"

"물론이고말고!"

여운형은 이범석의 소원대로 중국에 가서 공부할 수 있도록 해 주었다. 약속한 날에 중국 펑톈에서 만난 두 사람은 상하이로 갔다. 상하이에서 얼마 동안 머물다가 이범석은 군관학교에 입학하게 되었다. 우리의 독립운동 역사에서 중요한 위치를 차지하고 있는 이범석과 여운형은 이렇게 해서 만나게 되었다.

6. 외국에서 맞이한 3·1 만세 운동

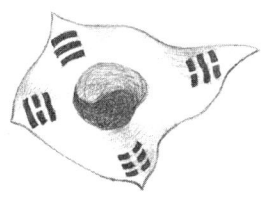

여운형이 상하이와 국내에서 조선의 독립을 위해 애쓰고 있을 무렵, 세계 여러 나라는 제1차 세계 대전이라는 전쟁을 치르고 있었다.

그때까지 전쟁에 참여하지 않던 미국은 1917년 독일에게 싸울 것을 선언하고, 그 다음 해에는 윌슨 대통령이 14개 조항의 민족자결주의 원칙을 내놓았다. 힘 있는 나라나 힘 없는 나라나 모두 독립할 수 있는 권리가 있다는 것을 주요 내용으로 한 이 원칙은 우리나라의 문제를 해결하는 데에까지 힘이 미치지는 못하였다.

여운형은 이렇게 어지러이 돌아가는 세계의 형편을 주의 깊게 지켜보며 상하이에 와 있던 여러 사람들과 틈만 나면 우리의 앞날에 대해 이야기를 나누었다.

여운형은 해외에서 이런 활동을 하던 중에 1918년 평안북도에서 장로교 총회가 열리자, 다시 우리나라에 들어왔다. 물론 이 회의에 참석을 하였지만 그의 목적은 따로 있었다. 국내에 있던 이승훈·이상재를 만나 우리나라의 형편에 대하여 이야기를 나누고 싶었던 것이다.

여운형은 나라 밖에서나 나라 안에서 세계 속의 우리나라의 위치와 형편에 대하여 정확한 판단을 내리기 위해 여러 가지로 노력했다. 그해 10월 여운형은 다시 상하이로 돌아갔다.

1918년 11월 독일의 항복으로 제1차 세계 대전은 끝났다. 파리의 베르사유 궁전에서 평화회의가 열린다는 결정이 발표되었다.

상하이로 돌아온 여운형은 파리강화회의에 대표를 파견하기 위해 '신한 청년당'이라는 우리나라 최초의 정당을 만들었다. 파리강화회의에 대표를 보내려면 개인이 아닌 단체의 이름이 필요했기 때문이다.

사람들은 살아가면서 자신이 뜻하는 바를 펴고자 나름대로의 방법을 찾는다. 이를테면 우리들이 학교에서 작은 모임을 만들어 의견을 종합한 다음 공동으로 뜻을 펼치는 것이 바로 그것이다. 정당은 정치하는 사람들의 모임을 말한다. 신한 청년당은 급히 만들었기 때문에 여러 가지로 허술했지만 국제 회의에 처음으로 등장한 우리나라 최초의 정당이었다.

여운형은 이 정당의 총무가 되어 일본에 모든 것을 강제로 빼앗긴 우리나라의 억울함을 세계 여러 나라에 호소하기 위하여 독립 청원서를 만들었다.

일본인들이 말하는 한일 합병은 강도가 남의 물건을 빼앗는 것과 같은 것이며, 일본은 조선의 정치·경제·교육·종교 등 모든 분야에서 우리를 짓누르고 빼앗고 있습니다. 우리 조선은 독립하여 세계 각국의 대열에 떳떳이 나서야 합니다.

사실 그때 독립운동가들에게는 국제 회의가 열리는 프랑스 파리까지 갈 돈이 없었다. 여운형을 비롯한 많은 애국 지사들의 노력과 일본의 위협에 함께 분노한 중국인들의 도움으로 간신히 돈을 마련할 수 있었다. 그러나 일본은 이들을 그냥 내버려 두지 않았다. 경계를 삼엄하게 하고, 심지어는 서류 가방까지 훔쳐 가는 바람에 많은 어려움을 겪었다. 우리나라 대표단은 중국 대표단에 끼어 간신히 프랑스로 떠날 수 있었다. 그러나 몇몇 독립운동가들은 일본 경찰에 잡혀 옥에 갇히기도 하였다.

그후 여운형은 중국 땅에 흩어져 있는 독립운동가들에게 세계가 돌아가는 모습을 알리고 좀 더 체계적인 독립운동을 하는 데 도움을 주기 위하여 중국 여러 곳을 돌아다니기로 하였다. 때는 몹시 추운 겨울이어서 고생이 이만저만이 아니었다. 거기에다 늘 뒤따라붙는 일본 앞잡이들을 따돌려야 하고, 일본인들의 작은 움직임까지 일일이 살펴야 했다. 그런 어려움 속에서도 여운형은 가는 곳마다 많은 독립운동가들을 만났다. 그 만남을 통하여 여운형은 나라의 독립을 위해 더욱 조직적으로 활동할 것을 많은 독립운동가들과 약속하였다.

뿐만 아니라 여운형은 다른 나라의 실력자들과도 만나 우리나라의 독립을 지원해 줄 것을 호소하기도 하였다. 미국·영국·캐나다 등의 사령관에게 우리나라 독립의 필요성을 알리기도 하면서 하얼빈에 머물던 어느 날, 고국에서 3·1 운동이 일어났다는 소식을 들었다.

"역시 우리 민족은 살아 있어!"

여운형은 그 소식을 들은 날 뜬눈으로 밤을 새웠다.

우리 민족 모두가 함께 일어난 3·1 운동은 독립운동의 방향을 새롭게 가다듬도록 만들었다. 전국 각지의 의병 활동과 애국 운동이 잔학한 일본에게 억압당하고 있던 때에 일어난 3·1 운동은 순식간에 전국으로 번져 갔다. 농민·학생·종교인·상인 등 온 겨레의 만세 소리는 조선 반도 전체를 뒤흔들었다.

3·1 운동은 비록 조선인들이 사람답게 살 권리를 되찾기 위해 벌인 만세 운동이었지만, 세계 여러 나라의 관심을 끌기에 충분하였다. 특히 힘 있는 나라에 의해 억압받고 있던 다른 식민지 국가들의 독립 정신을 자극하여 그들로부터 큰 호응을 얻었다.

또한 3·1 운동은 나라 안과 나라 밖에서 활동하던 독립운동가들이 임시로 나라를 세워서 좀 더 조직적이고 적극적인 독립운동을 펼칠 수 있도록 하는 계기가 되었다.

여운형은 한시바삐 상하이로 돌아가기로 했다. 그러나 모든 철도의 경계가 매우 삼엄하였다. 콧수염을 기르고 있던 여운형은 오랫동안 수염을 깎지 못해 전혀 다른 사람처럼 보였다. 다행히 기차에 탄 여운형은 러시아 여자 승객과 함께 여행하는 것처럼 꾸며 위험한 상황을 넘기기도 하고, 중간의 어떤 역에서는 뒤쫓는 사람을 피해 아는 사람의 도움을 받으면서 무사히 상하이에 도착하였다.

상하이에는 조선에서 새로운 소식을 갖고 오는 사람들과 중국 각지와 일본, 미국에서 오는 애국 지사들이 많았다. 여운형은 그들로부터

새로운 소식을 듣는 한편, 조선의 독립운동 상황을 세계 여러 나라에 알리는 동시에 영어로 된 잡지도 만들었다.

이어서 독립운동가들은 독립운동을 더욱 조직적으로 전개하기 위하여 임시 정부를 만들기로 하였다. 임시 정부를 세우는 일은 블라디보스토크·상하이·서울의 순으로 시작되었다. 상하이에서는 1천여 명이 모여서 '독립 임시 사무소'를 만든 후 1919년 4월 10일 임시 의정원을 구성하고, 대한민국 임시 헌장을 선포하였다.

여운형을 비롯해 상하이·만주·일본·미국에서 온 독립운동가들은 좀 더 나은 임시 정부를 만들기 위하여 많은 이야기를 나누었다. 나라를 세우는 일은 어느 한 사람의 생각보다는 여럿의 생각이 더 중요하였기 때문이다.

여운형은 이 자리에서 임시 정부를 세우기보다는 차라리 힘 있는 정당을 만들어 독립운동을 추진해 나가자고 주장하였고, 그의 의견은 가장 현실에 맞는 생각이었다. 나라를 어떻게 꾸려가야 하는지에 대한 여운형의 생각이 다른 사람과 다른 점은 바로 여기에 있었다. 그리고 나라의 이름을 정하는 데에도 여운형의 생각은 달랐다.

"나는 '대한'이라는 말에 반대하오."

다른 사람들은 대한으로 망했으니 나라의 이름을 다시 대한으로 하자고 하였다. 하지만 여운형은 그렇게 생각하지 않았다.

"망한 나라의 이름을 다시 쓰는 것은 새로운 나라를 세우는 데 좋지 않다고 생각하오."

뿐만 아니라 여운형은 조선 황실을 우대하자는 의견에도 반대하였다. 그러나 민주적인 사고방식과 새로운 것을 늘 앞세우던 여운형의 입장은 받아들여지지 않았다. 결국 '대한민국'이라는 이름으로 임시 정부가 세워졌다. 상하이에 세워진 임시 정부는 우리나라 역사상 최초의 '국민에 의한 정부'라는 데 큰 의의가 있다. 임시 정부는 독립운동을 위한 자금 모금과 독립운동의 지휘, 외교 활동 등에 중점을 두고 운영되었다.

임시 정부의 외교 위원으로 선출된 여운형은 프랑스 영사를 비롯해 각국의 대표들을 방문하여 우리나라 정부의 수립을 알리고 우리나라의 독립에 도움을 줄 것을 요청하는 데 힘을 쏟았다. 또한 자신의 동생 여운홍을 프랑스 파리에 보내어 그곳에 가 있는 우리나라의 대표를 돕도록 하였다.

상하이에서 여운형은 우리 동포들의 대표가 되어 그들의 민족 의식을 높이는 데 앞장서는 한편, 각국 외교관들에게 우리나라의 실정을 정확히 알리고, 또 우리나라에 대해 잘못 알고 있는 외국인들에게도 우리나라를 제대로 알리려고 노력하였다. 우리 동포들과 뜻있는 외국인들은 이런 일을 하는 여운형을 적극 지원하였다.

7. 일본인들과 한판 승부

　3·1 독립운동은 조선에 대한 일본의 잔학한 통치를 전 세계인들에게 널리 알리는 기회가 되었다. 그러자 일본은 조선을 다스리는 방법과 태도를 바꾸어 문화 정치라는 것을 내세우기 시작하였다. 일본은 우선 일본 편을 드는 사람들을 모아서 그들에게 일을 시키고, 결국은 독립을 향한 국민들의 의지를 꺾어 놓을 계획이었다. 이를 위해서는 누군가 앞에 내세울 만한 인물이 필요하였다.
　시간이 지나면서 일본은 여운형의 왕성한 활동에 대하여 신경을 곤두세우기 시작하였다. 여운형은 그때 임시 정부에서 책임 있는 자리에 있지는 않았지만, 이미 폭넓은 활동을 통해 많은 사람들로부터 믿음과 존경을 받고 있었다. 또한 그는 국내외의 정치가들을 비롯한 많은 사람들과 친분을 쌓고 있었다. 여운형만 일본 편으로 만들면 모든 것이 자기들 뜻대로 될 것이라고 생각한 일본은 여러 가지 술책을 부리기 시작했다. 높은 자리에 있는 일본인들은 여운형을 만나는 게 우선 급했다. 그들은 교회 목사를 통해서 만나려고도 하고, 일본에 직접 건너가 우리나라의 독립 문제를 상의해 볼 것을 권유하기도 했으나 여운형은 모두 거절했다. 나중에는 프랑스 외교관을 통해서 도쿄에 갈 수 있도록 주선하겠다는 제의까지 해 왔다.

"그렇다면 개인 자격으로 갈 것이오."

이에 여운형은 여러 사람과 상의한 후 우리나라의 대표가 아닌 개인 자격으로 일본에 가기로 결정했다. 일본에 간다는 것은 매우 위험한 일이었지만, 그는 나라를 위해서나 자신을 위해서 매우 중요한 일이라고 판단했다. 폭력을 사용해서라도 못 가게 하겠다고 반대하는 사람들도 있었지만, 몇 가지 조건을 내걸고 일본행을 시도했다.

1919년 11월, 일본 사람들을 만나면 당당하게 우리나라의 독립을 이야기하겠다는 굳은 결심을 하고 여운형은 일본으로 갔다. 일본의 속셈을 잘 알고 있는 많은 사람들 가운데 여운형이 일본에게 오히려 설득당하고 돌아올 것이라고 믿는 사람들도 있었으나 안창호는 오히려 여비를 대주었다.

일본으로 떠나는 여운형은 여러 가지 생각을 하고 있었다.

'상대는 조선의 모든 힘을 빼앗아 간 일본의 우두머리들이고 나는 혼자다. 나는 조선의 입장을 올바르게 주장하고, 그들의 물음에 당당하게 대답해야 한다. 나의 말 한마디, 행동 하나하나가 우리의 동포와 독립에 많은 영향을 미친다. 조선인으로서 부끄럽지 않도록 정의를 외쳐야 한다.'

일본에 와 있던 우리나라의 유학생들도 여운형의 일본 방문에 대해 찬성과 반대의 의견이 엇갈렸다. 이를 잘 알고 있는 여운형은 도쿄에

도착하자마자 그들을 만나 이야기하였다.

"저는 일본 사람들을 만나 우리나라의 독립을 애원하러 온 것이 아닙니다. 우리들 힘으로 독립하겠다는 걸 확실히 말하러 왔습니다. 유학생 여러분, 나를 믿고 도와주십시오."

여운형의 딱 부러지는 말에 유학생들은 여운형의 여비를 마련해 주고, 주위의 생각을 모아서 알려 주었을 뿐만 아니라 끊임없이 협력할 것을 약속하기까지 하였다.

일본에서 여운형이 처음으로 부닥친 일 가운데 그의 두둑한 배짱이 잘 드러나는 이야기가 있다.

"뭐라고, 내가 조선의 독립을 애원하러 일본에 왔다고?"

일본에 도착한 날 저녁, 마루야마라는 일본 관리와 목사가 여운형을 찾아왔다. 별다른 이야기도 없이 인사만 하고 갔는데, 다음 날 신문에는 여운형이 조선의 독립을 애원하러 왔다고 기사가 난 것이었다. 이를 본 여운형은 몹시 화가 났다.

"이제 일본의 관리들은 한 사람도 만나지 않고 그냥 돌아가겠소."

여운형의 이런 반응에 일본은 몹시 당황하여 여운형이 요구하는 대로 신문의 기사 내용을 취소하고 일본 기자들을 불러모은 다음 여운형이 일본에 온 까닭을 설명하도록 자리를 마련해 주었다.

이후 여운형은 일본의 장관 고가를 만났다. 그 장관은 여운형을 만날 때마다 여운형의 뜻을 꺾으려고 애를 썼다. 일본에서 여운형은 고가와 가장 많은 이야기를 나누었다. 그러면서 그를 통하여 일본의 속셈을 더욱 구체적으로 알아내었고, 그 과정에서 여운형의 인물 됨됨이가 자연스럽게 일본인들에게 드러나게 되었다.

고가는 비교적 온건하고 예의를 아는 사람이었다.

첫날 여운형과 만난 고가는 이렇게 말했다.

"나는 나라를 생각하는 많은 조선의 애국자들의 진심에 대하여 뜻을 같이 합니다. 그러나 가능하고 효과 있는 활동 방법으로 조선인의 자치를 권합니다. 만약 당신이 자치 운동을 앞장서서 일으킨다면 필요한 자금은 얼마든지 드리겠습니다. 그리고 감옥에 있는 사람들도 모두 내보내도록 하겠습니다."

그는 조선의 독립이 불가능함을 주장하는 동시에 여운형을 일본 편으로 끌어들이려고 그를 구슬리는 이야기를 길게 늘어놓았다. 그러나 여운형은 단호하게 말했다.

"나는 자유 독립 이외에는 아무것도 받아들일 수 없습니다. 그리고 독립운동을 했다는 이유로 잡아 가둔 사람들을 무조건 석방하십시오. 내가 원하는 것은 우리 조선의 자주 독립뿐입니다."

그러자 고가는 한술 더 떠서 한일 합병에 대하여 어처구니없는 이야기를 하고야 말았다.

"한일 합병은 회사의 합병과 같습니다. 한 회사의 능력이 부족하여 능력 있는 회사가 합병을 하면 서로에게 이익이 되는 것입니다."

이 말에 화가 난 여운형은 고가에게 자신의 뜻을 분명히 밝혔다.

"한일 합병을 회사의 합병과 마찬가지로 보는 당신에게 실망하였습니다. 한일 합병은 절대로 우리 민족의 뜻에 의하여 이루어진 것이 아니고, 당신들의 총칼의 힘에 의하여 이루어진 폭력입니다. 한국과 일본 두 나라의 합병 이후 조선 전국과 외국에서까지 일어나고 있는 항일운동과, 3·1 운동처럼 목숨을 건 독립운동은 무엇을 뜻하는 것입니까?"

그러나 고가는 일본이 조선을 강제로 빼앗은 것이 아니라 더 잘살게 해 주기 위해서 조선인들과 함께 결정한 것이니만큼 여운형도 그들과 함께 잘해 보자는 이야기만 되풀이하였다. 그러나 여운형의 대답은 간단했다.

"일본군의 총칼 앞에서 피 흘리며 맨손으로 일어선 3·1 운동을 보고도 우리 민족 스스로 일본과 합치기를 원했다고 하는가?"

그러면서 여운형은 일본이 우리나라에서 물러나야 하는 이유를 다시 일관되게 주장하였다.

"누구의 도움에 의해서가 아닌, 우리 민족 스스로가 잘살기 위하여 일본은 물러나야 한다. 일본은 조선을 돕기 위해 조선 땅에 들어왔다고 말하면서 오히려 조선을 짓누르는 잘못을 깨달아야 하고, 침략 행위를 중지함으로써 아시아의 평화를 유지해야 하며, 이를 바탕으로 세계 평화에까지 이바지해야 한다.

자존심과 독립심이 매우 강한 우리 민족은 일본이 옭아매고 있는 쇠사슬을 끊기 위해 끝까지 싸울 것이며, 이로부터 일본이 벗어나는 길은 조선에서 물러나는 것뿐이다."

일본 관리는 자신의 입장을 여운형에게 이야기할 때마다 땀을 뻘뻘 흘려야 했다. 여운형의 생각과 말솜씨가 워낙 훌륭했기 때문이다. 그것은 나라를 사랑하는 여운형에게는 지극히 자연스러운 것이었지만 일본인 관리에게는 도저히 넘기 어려운 높은 산과 같았다.

이웃 나라를 침략하여 평화를 깨뜨린 자의 불순한 생각과 오직 자신의 힘으로 평화를 지키려는 사람의 순수한 마음이 어찌 대등할 수 있겠는가. 그 둘의 대결이 어떻게 끝날지 그 결과는 보나마나한 것이었다.

여운형은 일본인들의 속셈을 꿰뚫고 있었으며 앞으로 벌일 일본의 계획에 대해 잘못된 점을 조목조목 따지면서 그래서는 안 된다는 것을 마치 어른이 어린아이를 타이르듯이 지적해 주었다. 이에 일본 관리는 여운형을 여러 번 만나서 이야기할 때마다 기가 죽었다. 일본 관리는 여운형을 협박도 하고 달래기도 하면서 여운형의 독립운동을 중지시키려 했으나, 오히려 만날 때마다 여운형의 인품과 지식, 그리고 나라를 사랑하는 마음만 확인할 뿐이었다. 일본 관리는 여운형이 도쿄를 떠날 때 존경하는 마음으로 이렇게 말했다고 한다.

"여운형 만세!"

그러나 고가와는 전혀 다르게 여운형을 대한 또 한 명의 일본인 관리가 있었다. 육군 장관이라는 높은 자리에 있는 다나카는 군인답게 힘으로 여운형을 굴복시키기로 마음먹었다. 그는 이미 신문 기사와 여운형을 먼저 만난 고가를 통하여 여운형이 보통 사람이 아님을 알고 있었다. 그래서 많은 장군들과 유명한 정치가들이 모인 자리에서 여운형을 처음 만나기로 했다. 일본의 우두머리들이 거의 모인 자리에 마침내 여운형이 나타났다. 먹이를 한가운데 두고 노려보는 듯한 분위기에서 여운형은 그들을 태연하게 둘러보았다.

다나카가 먼저 거만하게 말하였다.

"일본에게는 300만 명의 군인이 있소이다. 조선은 우리와 싸울 용기가 있는지 모르겠소. 만약 끝까지 싸우겠다고 덤빈다면 2천만 명 정도의 조선인은 단숨에 없애 버릴 수도 있는데……."

일본 육군 장관의 침략자다운 첫마디였다.

그러나 여운형은 이럴 때 어떻게 대처해야 한다는 것을 이미 알고 있었다. 그리고 그는 우리나라 역사상 최고의 웅변가였다.

"그렇습니다. 300만 난폭한 일본 군인들은 2천만 우리 조선인을 모두 죽일 수도 있을 것입니다. 또한 내 목을 단숨에 칠 수도 있을 것입니다. 그러나 평화를 사랑하는 우리 조선인의 혼까지 죽일 수는 없을 것이고, 조선의 독립을 바라는 여운형의 마음까지 벨 수는 없을 것입니다."

다나카도 만만치 않았다.

"그래도 조선은 일본의 뜻에 따르는 것이 좋을 것이외다. 독립 만세를 부른다고 독립이 될 줄 아시오? 우리 일본군은 총칼에 녹이 슬도록 내버려 둘 수는 없소이다."

그럴수록 여운형은 더욱 당당했다.

"타이타닉호가 침몰한 것은 겉으로 드러난 얼음 조각 때문이 아니라 물속의 빙산 때문이었습니다. 시난 3·1 독립 만세 운동은 겉으로 드러난 얼음 조각에 불과할 뿐, 드러나지 않은 조선인의 혼은 일본을 침몰시킬 것이외다!"

이에 다나카는 화가 나서 소리쳤다.

"일본이 망하면 아시아가 망한다!"

여운형도 지지 않고 소리를 질렀다.

"우리 속담에 '초가삼간이 다 타도 빈대 죽는 것이 시원하다'라는 말이 있소. 아시아가 다 망한다고 해도 일본이 망한다면 그것은 더욱 통쾌하오!"

여운형과 일본 관리들과의 대화가 계속될수록 여운형의 거침없는 웅변은 장내에 쩌렁쩌렁 울려 퍼졌다.

또한 여운형은 조선을 다스리던 관리도 만났다. 미즈노라고 하는

사람이었는데, 그는 지금의 서울역에서 강우규 의사가 던진 폭탄에 의해 죽을 뻔한 일이 있었다. 그를 만나자마자 여운형은 대뜸 강우규의 폭탄이 얼마나 무서웠느냐고 물었다. 별안간 질문을 받은 미즈노는 어물쩍거리다가 이렇게 물었다.

"당신은 조선을 독립시킬 자신이 있습니까?"

여운형은 그 말이 끝나기가 무섭게 이렇게 맞받았다.

"당신은 조선을 다스릴 자신이 있소?"

결국 말문이 막힌 미즈노는 영어로 말하였으나 이에 지지 않고 여운형도 영어로 그의 잘못된 생각을 따지고 들었다.

일본의 관리 중에서 가상 머리가 좋다는 노나라는 사람도 여운형의 적수가 되지 못하였다. 그는 여운형이 다나카와 대화할 때 함께 있었으므로 여운형에 대하여 어느 정도는 알고 있었다. 노다는 여운형을 초대한 자리에서 이렇게 말하였다.

"당신이 하는 일은 정말 쓸데없는 짓입니다. 일본이 조선을 합병한 것은 솔직하게 말해서 우리가 살기 위해서입니다. 조선을 내놓으면 우리 일본이 죽습니다. 일본이 죽느냐 사느냐 하는 일인데, 아무리 당신의 생각과 연설이 옳고 훌륭하여도 우리는 결코 조선을 내놓을 수 없다는 걸 알아두기 바랍니다. 조선을 되찾고 싶으면 우리와 싸우십시오. 그냥 되돌려 주지는 않습니다."

이에 대한 여운형의 대답은 더욱 간단했다.

"일본에 와서 볼 것이 없었는데, 그래도 가장 솔직한 당신을 만나서

반갑소!"

여운형의 이름이 일본에 널리 알려지게 된 것은 도쿄 제국 호텔에서의 연설 때문이었다. 도쿄를 중심으로 일본에 유학 온 우리나라의 학생들이 마련한 이 연설장에는 세계 각국의 신문 기자들과 각계 각층의 유명인사 500여 명이 모여 있었다. 이 자리에서 우리나라의 독립을 주장하는 여운형의 우렁찬 웅변이 울려 퍼졌다.

내가 일본에 온 것은 우리나라 독립의 진정한 필요성을 말하기 위해서입니다. …… 독립운동은 내 평생의 사업입니다. …… 일본인이 살아야 하는 것처럼 우리 조선인도 살아야 합니다. …… 새벽에 닭이 우는 것은 다른 닭이 울기 때문에 덩달아 따라 우는 것이 아니고, 때가 되었기 때문에 우는 것입니다. 우리도 때가 되어서 독립운동을 하는 것이며, 신은 평화와 행복을 우리에게 주고자 합니다. …… 우리는 꼭 전쟁을 통해서만 평화와 행복을 얻을 수 있다고 생각하지 않습니다. 우리의 선조들은 칼과 총으로 서로 죽였으나 이제는 서로 붙잡아 주며 싸우지 않고도 평화와 행복을 얻을 수 있습니다. 일본은 이를 깊이 깨달아야 할 것입니다.

여운형은 우리말로 연설을 하고 함께 간 사람이 일본말로 옮겼다. 연설 도중 박수가 연이어 터져 나와 몇 번이나 연설이 중단되었다. 연설이 끝난 후 외국 신문 기자들과 기자회견을 할 때에는 영어로 대답을 하였다.

《태양》이라는 잡지사 사장이 그의 연설을 모두 잡지에 싣겠다고 하여 글로 쓴 것을 주었으나 일본의 방해로 싣지 못하였다.

다음 날 신문에 이 연설 내용이 실렸다. 그러나 이것이 일본 경찰의 허락 아래 실린 것이었음에도 불구하고, 여운형이 도쿄 한복판에서 우리나라의 독립을 외친 사건은 일본을 발칵 뒤집어 놓기에 충분했다. 일본 정부 관리들이 여운형을 일본에 초청한 목적은 독립운동을 못 하게 하려는 데 있었으나 오히려 독립운동을 해야 하는 이유를 널리 알리는 결과만 낳았기 때문이다.

이 연설에 깊은 감동을 받은 일본의 양심적인 지식인들과 학생들은 여운형 환영회를 열었다. 이 자리에는 100여 명의 일본인들과 한국인, 그리고 중국인까지 참석하여 여운형의 이야기를 들었다.

"우리의 독립운동은 일본에 대한 감정 폭발이 아니라 우리의 자유와 발전을 위해서입니다. 더 나아가 동양과 세계의 평화를 위해서입니다."

여운형의 말에 일본인 사회자는 이렇게 말하였다.

"선생님의 말씀을 들으니 안심이 됩니다. 조선의 독립운동이 일시적인 민족 감정이 아니라 우리 인류 전체의 행복을 위한 것이라면

당연히 조선은 독립이 되어야 합니다. 우리 일본인 중에서도 조선의 독립을 원하는 사람들이 있음을 알아 주십시오."

서른네 살의 여운형은 이제 국제적으로 이름난 인물이 되었다. 조선의 독립은 조선과 일본, 더 나아가 세계의 영원한 평화를 위해서라고 말하는 그의 인품이 일본인들에게조차 큰 감동을 주었기 때문이다.

여운형이 상하이로 돌아간 후 일본 의회에서는 소동이 일어났다. '여운형 사건'이라고 불리게 된 여운형의 도쿄 연설로 인하여 일본은 큰 충격을 받았던 것이다. 식민지의 독립운동가가 일본의 수도에서 일본인들에게 독립을 외칠 수 있도록 자리를 마련해 준 것은 결국 그들 자신이었다는 것을 뒤늦게 깨달았기 때문이다.

일본에서의 활동을 마치고 다시 상하이로 돌아온 여운형은 도쿄에 가는 것을 반대했던 사람들에게조차 환영을 받았다. 여운형이 아쉬웠던 것은, 일본 방문 후에 조선을 거쳐서 상하이로 가도록 되어 있었으나 조선 학생들이 여운형 환영 행사를 구실로 만세를 부를 염려가 있다는 일본 경찰의 제지로 서울에 들르지 못한 점이었다. 여운형은 이제 독립운동의 중심에 서게 된 것이다.

8. 중국 요인들과의 만남

'큰일이군.'

여운형은 가슴이 답답하였다.

일본에게 나라를 빼앗긴 뒤 중국 상하이에 세워진 대한민국 임시 정부는 시간이 지나면서 그 내부에 갈등이 생기게 되었다. 민수주의냐 공산주의냐 하는 정치적 입장 차이와 독립운동의 방법, 그리고 독립운동을 많이 한 지역이 어디인가 등을 서로 따지느라 볼썽사나운 다툼을 일으키게 된 것이다. 독립을 위해서 마음을 모아 단결해야 할 우리 민족들끼리 다투다니, 여운형은 몹시 안타까웠다.

임시 정부에서 별다른 책임을 맡지 않았던 여운형이었지만 늘 임시 정부를 위하는 쪽에서 말하고 행동하였다. 우리 임시 정부에 대하여 관심이 있는 외국 사람들이 상하이 임시 정부를 찾아오면 최선을 다해 안내하고 설명했다. 미국 국회의원들을 만난 자리에서는, 조선이 일본에게 어려움을 겪고 있는 것은 미국의 책임이 크다는 사실을 말하는 한편, 3·1 독립 만세 운동의 내용을 올바르게 이해시키고, 우리나라의 독립을 적극적으로 지원해 달라고 요구하기도 하였다.

1920년, 여운형은 공산주의자들의 모임에 가입했다. 이 사건은 해방 후 여운형과 대립했던 사람들은 물론이고 최근의 일반 사람들에게까지 여운형이 공산주의자로 인식되는 구실을 제공했지만, 여운형은 공산주의에 깊이 빠지지 않고 우리 민족의 문제를 해결하는 데에 더 많은 관심을 기울였다.

　소련의 공산주의자들은 이러한 여운형을 공산주의자라기보다는 민족 운동가로 보고 있었다. 여운형 역시 가장 급한 것은 일본으로부터 조선 민족의 해방이며, 이를 위해서 공산주의의 방법을 어느 정도 우리 실정에 맞게 고쳐 사용해 볼 수 있을 거라는 생각을 가지고 있었다. 하지만 점차 소련식 공산주의와는 멀어지고 민주주의적인 민족 국가를 건설해야 한다는 생각으로 바뀌었다. 국토가 좁고 단일 민족인 조선에서는 우선 일본으로부터의 해방을 이룬 다음에 민주적인 혁명을 하고, 점차 과감한 사회 개혁을 실시하여 훌륭한 자주 독립 국가, 통일된 민주주의 민족 국가를 건설해야 한다고 생각했다.

　상하이에 있는 대한민국 임시 정부는 시간이 지나면서 많은 어려움에 처하게 되었다. 어떤 일을 함께 하기 위해 모인 사람들은, 처음에는 개인보다 모임을 더 중요시하다가도 시간이 지나면 그 모임에서 더 중요한 일을 맡고자 하는 욕심이 생기게 마련이다. 그 욕심이 지나쳐 서로 심하게 다투기도 하는데, 상하이 임시 정부 내에서도 그런 움직임이 겉으로까지 드러나게 되었다.

　지금까지 해 왔던 독립운동의 방법을 버리고 새로운 방식을 채택하

자는 사람과, 아예 임시 정부를 해체하고 새 정부를 세워야 한다는 사람 그리고 지금처럼 유지하자는 사람들이 서로 자기 주장을 고집하게 되었다. 여운형은 이러한 갈등을 해결하고자 여러 가지로 노력하였으나 성공하지 못했다.

결국 우리나라를 국제 연맹에 맡겨서 다스리도록 하자고 주장했던 이승만을 물러나게 하고, 여러 사람이 이끌어 가는 형태로 임시 정부의 조직을 바꾸었다. 그 결과 상하이 임시 정부는 국가라기보다는 독립운동을 하는 하나의 작은 단체에 불과한 모습으로 변하였다. 그야말로 대한민국 임시 정부로서의 모습은 찾아볼 수 없게 된 것이다.

그뿐만 아니라 임시 정부를 이끌어 가는 지도자들은 자기들이 어느 지역 출신인가를 따져서 서로 편을 가르는 모습까지 보이게 되었다. 경기도를 중심으로 한 중부 지방 출신의 지도자들은 여운형이 평안도와 황해도 출신의 독립운동가들과 한편이라고 믿고 있었다.

어느 날 그들은 여운형을 폭행하기 위해 집으로 돌아오는 골목길에서 그를 기다리고 있다가 여운형과 맞닥뜨리게 되었다. 그들은 여운형에게 이렇게 물었다.

"당신은 경기도 출신이 아니오? 그런데 왜 평안도 사람들과 한패가 되었습니까?"

그러자 여운형은 이렇게 대답하였다.

"당신들은 잘못 생각하고 있소. 지금 우리 형편에 평안도, 경기도를 따질 때요? 지역이 아니라 사람을 보고 함께 일해야 하오."

몽둥이를 든 여러 명의 청년들은 여운형의 이야기를 듣고는 묵묵히 어둠 속으로 사라졌다.

그렇지만 결국 여운형은 자신의 집에서 권총과 쇠 몽둥이를 든 7, 8명의 청년들에게 몹시 얻어맞고야 말았다. 여운형의 아내도 함께 맞아서 눈뜨고 볼 수 없는 지경이 되었지만, 다행히도 생명에는 지장이 없었다. 어려움에 처한 나라를 생각하고 그 나라를 구하기 위해 애쓰는 사람으로서 그 당시 상황에서는 피할 수 없는 일이었다. 오히려 그런 어려움을 겪음으로써 여운형의 민족 운동에 대한 결심은 더욱 굳어지고 더 많은 사람들이 그런 여운형을 존경하게 되었다.

그는 합리주의에 바탕을 둔 민족 운동가였다. 또한 뛰어난 용모와 당당한 체격, 그리고 쾌활하면서도 남에게 아첨하지 않으며, 지기 싫어하면서도 인정 많은 성격을 지니고 있었다.

사람들은 한결같이 여운형은 '영원한 청춘'이었다고 입을 모은다. 또 많은 사람들이 그는 항상 싱싱했다고 서슴없이 말한다. 뿐만 아니라 여운형은 너무 착했다고 평하면서 그의 눈을 유심히 들여다본 사람이면 누구나 그 '착함'을 알 수 있다고 덧붙이기도 한다.

8·15 해방 당시 '민주주의'는 이 땅의 사람들에게 매우 낯선 말이었지만, 여운형은 민주주의의 실질적인 내용을 거의 완전 무결하게 이해하고 있었다.

일본 경찰에 붙잡히기 전까지 여운형이 조선의 독립을 위하여 주로 활동한 곳은 중국이었다. 그 당시 중국에도 큰 변화가 있었다. 일본의 침략의 손길은 중국 땅에까지 뻗쳐 왔고, 뜻있는 중국인들은 이에 대항하여 우리 조선인들의 독립운동에 큰 관심을 가지고 지켜보고 있었다. 여운형 역시 중국의 변화와 조선의 독립은 매우 관계가 깊다고 믿고 있었다.

1921년 여운형은 조선과 중국의 친선 유지, 조선 독립과 중국 혁명을 위해 서로 돕기, 그리고 조선 청년들의 중국 유학에 도움을 줄 것 등을 목적으로 하는 '한중호조사'라를 모임을 조직하였다. 여운형이 이 모임을 만든 것은 조선이 독립을 이루는 데에는 중국의 협조가 필요하다고 믿고 있었기 때문이다.

여운형은 중국이 새롭게 태어나는 날, 중국 땅에 들어와 있던 일본 침략의 손길이 걷히고, 그에 따라 조선도 독립이 되리라고 확신하고 있었다. 여운형은 이런 믿음으로 중국의 변화에 적극 협조하고 있었다. 따라서 여운형은 그 당시 중국을 이끌어 가고 있던 국민당에 들어가서 중국 사람들과 깊은 교분을 맺었다. 이때 여운형은 중국 독립의 아버지라고 불리는 쑨원을 만났고, 그는 조선의 독립을 위해 여러 가지로 협력해 주었다. 여운형은 그에게 상하이에 있는 임시 정부를 승인해 줄 것을 요청하였다. 쑨원은 이렇게 말하였다.

"조선 정부는 조선 땅에 있어야 합니다. 단 하루만 그렇게 되어도 우리는 조선을 독립 국가로 인정할 것입니다."

쑨원의 말에 깊은 감명을 받은 여운형은 쑨원과 더 깊게 사귀었다. 여운형은 쑨원을 매우 높이 평가하고 있었다.

그것은 쑨원이 날마다 새로워지는 사상을 가지고 있고, 청렴결백하며, 새로운 것을 이루기 위해 끝까지 노력하는 인물이었기 때문이다. 이런 쑨원을 좋아하는 여운형은 자신도 그런 인격과 능력을 지니기 위해 노력했다.

여운형은 쑨원 이외에도 많은 인물들과 사귀었다. 마오쩌둥과 장제스도 그 무렵에 알게 되었다. 그러나 여운형은 장제스를 별로 좋게 생각하지 않았다. 장제스는 꾸밈이 많고 속과 겉이 다른 사람이라고 평하기도 하였다. 오히려 마오쩌둥에 대해서는 믿음직한 농부로 여기고 있었다. 마오쩌둥을 몇 번 만나 본 여운형은 마오쩌둥이야말로 중국 혁명에서 반드시 성공할 인물이라고 생각했다.

1926년 여운형은 장제스가 이끄는 중국 국민당 대표자 회의에서 축

사를 맡게 되었다. 이 자리에서 여운형은 조선과 중국을 침략한 일본을 맹렬히 비난하였다. 일본과 같은 침략자들을 물리치면 조선을 비롯한 세계의 작고 약한 민족들은 모두 자신들의 위치를 되찾을 수 있을 것이라는 점과 쑨원 선생의 생각에 따라 중국의 혁명이 성공하면, 이 역시 세계 평화를 위해서 매우 좋은 일이 될 것이라고 말함으로써 많은 박수를 받았다.

중국도 처음에는 장제스와 마오쩌둥이 힘을 합쳐 새로운 중국을 건설하고자 했으나 그 협력이 깨지고, 훗날 장제스가 중국 공산당과 맞서서 새로운 정부를 세우고자 했다. 이때 여운형은 이런 움직임이 중국의 분열을 의미하는 것이라는 생각에서 이에 반대하는 입장에 서기도 하였다.

그러나 여운형의 훌륭함을 알고 있던 장제스는 새로운 중국 정부를 세우고 난 뒤에 여운형에게 중국의 수도로 와서 나라의 기틀을 잡는 데 도움을 줄 것과 영어로 된 신문을 발행하는 일을 맡아 줄 것을 요청하였다. 그러나 여운형이 체포되는 바람에 성사되지는 못하였다. 체포되지 않았다고 해도 여운형은 아마 장제스보다 마오쩌둥을 도왔을 것이다. 여운형이 본 마오쩌둥은, 장제스보다 중국을 더 변화시킬 수 있는 인물이었다. 사실 여운형의 판단대로 마오쩌둥은 1949년 장제스를 대만으로 몰아내고 거대한 중국 정부를 세우는 데 성공했다.

사람의 됨됨이를 판단하고, 앞날을 예견하는 여운형의 안목은, 아마도 나라의 독립과 자주를 지키고자 하는 열망이 바탕이 되어 길러

졌을 것이다. 비록 중국은 공산주의 사회가 되었지만 그 당시 일본에게 나라를 빼앗긴 조선의 독립운동가 여운형의 입장에서는 장제스보다는 마오쩌둥에게 독립의 방법 면에서 더 큰 매력을 느꼈는지도 모른다. 아무튼 여운형은 조금씩 조금씩 변해 가는 중국의 모습에서 조선의 독립도 멀지 않았다고 느꼈다. 그래서 그는 연설할 기회가 있을 때마다 중국의 변화를 도와야 한다고 주장하였고, 중국인들은 그의 연설에 박수를 보냈다.

9. 일본 간수를 감동시킨 감옥 생활

여운형은 독서와 운동 경기를 유난히 좋아하였다. 필리핀을 비롯한 여러 나라를 방문하고 돌아온 여운형은 그날도 야구 구경을 갔는데, 그곳에서 일본 경찰에게 잡히고 말았다. 1929년 7월 8일의 일이었다.

야구 구경에 한창 빠져 있는 그에게 평소 알고 지내던 조선 청년이 다가왔다.

"선생님, 이곳에 일본 경찰이 많이 있으니 조심하세요."

그래도 여운형은 그냥 앉아서 야구 구경을 하는데 일본 형사가 나타났다. 처음에는 입씨름을 하다가 몸싸움이 벌어졌고 삽시간에 많은 일본 경찰들이 몰려들었다. 이때 여운형은 고막이 터지기도 했다. 이어서 영국 경찰까지 와서 싸움에 끼어들었고, 여운형은 영국 경찰에 의해 경찰서로 끌려가게 되었다. 일본 형사들은 여운형을 강도라고 둘러대면서 일본 경찰서로 끌고 가고자 했다.

"나는 강도가 아닌 조선의 독립운동가요!"

이 말을 들은 영국 경찰은 여운형을 일본에 넘기지 않겠다고 하였다. 그러나 영국 경찰은 다음 날 일찍 여운형을 일본 경찰에 넘기고 말았다.

그러던 중 여운형을 존경하는 중국의 젊은이들이 감옥을 부수고 여운형을 구하려 한다는 소문이 퍼지자 일본 경찰은 여운형을 일본으로 데려갔다가 바로 서울로 옮겼다. 1929년 7월 18일의 신문에는 여운형이 붙잡힌 기사가 크게 실렸다.

일본 경찰은 여운형에게 조선 본국과의 연락 등 여러 가지에 대해 물었으나 여운형은 끝내 말하지 않았다. 담당 검사는 당시 조선인들에게 악명이 높았던 자였다. 그가 원적과 현주소를 묻자, 여운형은 이렇게 대답하였다.

"원적은 상하이, 현주소는 현저동 101번지(감옥)."

일본 검사는 화를 내며 소리를 질렀다.

"쓸데없는 소리 말아라. 대일본 검사를 놀리는가?"

"집을 떠난 지가 20년이 지났소. 그러니 내가 태어난 곳이 어떻게 되었는지 모르겠고, 상하이에서 잡혀서 이곳 감옥으로 왔으니 지금 주소가 감옥이지 어디겠소?"

여운형은 그렇게 태연하게 대답함으로써 당당하고 의연한 모습을 보여 주었다.

일본 검사도 이것저것 아는 것이 많은 사람이었으나, 여운형에게는 늘 못 당하여 자존심이 꺾이는 일이 한두 번이 아니었다.

이곳에서 여운형은 여러 가지 조사를 받았다. 그렇지만 여운형은 일본의 조선 침략이 옳지 않음을 말하면서 우리 민족은 살기 위해서 반드시 독립을 이루지 않으면 안 된다고 주장하였다.

일본의 판사 또한 일본을 물리치고자 하는 마음이 없다는 말만 하면 재판에 올리지 않겠다고 하였으나 여운형은 말 같지도 않은 소리라며 오히려 호통을 쳤다.

1년 정도 조사를 받은 후, 드디어 재판이 시작되었다. 여운형이 재판 받는 모습을 지켜보기 위하여 많은 사람들이 방청을 신청하였으나, 60여 명밖에 입장하지 못하였다. 재판을 보기 위해 새벽부터 줄을 선 사람, 고향에서부터 먼 길을 온 사람, 그리고 그의 친구들도 법정 문 앞에서 이리저리 밀리다가 결국 발길을 돌릴 수밖에 없었다.

여운형을 변호하겠다고 나선 당시의 유명한 변호사들도 많았다. 신문은 여운형의 재판 소식에 대하여 크게 보도하였다.

동양의 풍운아로 국제적 무대를 배경 삼아 조선의 ××을 위하여 지금부터 17년 전 가을에 조선을 떠나 중국을 비롯한 각지에서

비바람을 맞아가며 16년이라는 오랜 세월을 하루같이 활동하다가 작년 중국 상하이에서 붙잡힌 조선 ××운동의 지도자 여운형에 대한 재판이 오늘 실시되어……

그 당시 신문들은 '독립'이라는 낱말을 사용하지 못하고 '××'로만 표시할 수 있었다. 재판 도중 여운형의 잘못을 따질 차례가 되자 입장했던 방청객들은 모두 밖으로 나와야 했다. 일본은 방청객들이 그 이야기를 들음으로써 조선의 독립에 대한 의지를 무의식 중에 갖게 될까 봐 염려하였던 것이다. 겨우 몇 명의 가족들만이 지켜보는 가운데 재판이 진행되었다.

결국 여운형은 3년 동안 감옥에 있어야 한다는 판결을 받았다. 여운형의 죄목은 일본의 여러 가지 명령을 지키지 않았다는 것이었다.

여운형을 조사하고 재판에 올린 일본 검사는 여운형에 대하여 다음과 같이 말하였다.

여운형은 '배움'에 대하여 매우 열심인 인물이었습니다. 그 당시 세계가 돌아가는 사정을 잘 이해하고 있었고, 조선이 어떻게 변할 것인지에 대해서도 자기 나름대로 개성 있는 생각을 갖고 있었습니다. 내가 물을 때마다 여운형의 대답은 매우 짜임새가 있었는데 여운형이야말로 조선에서 제일 가는 독립운동가였습니다.

재판을 받을 때 우리의 독립운동가들은 항상 대답을 조심했다. 말 한마디가 독립운동을 함께 하는 동지들과의 비밀 유지에 엄청난 영향을 미치기 때문이었다. 우리의 독립운동가들은 항상 일본 경찰과의 대결에서 이론적으로 밀리지 않았다. 독립운동의 정당성을 밝히는 데 늘 자신이 있었다.

여운형도 일본 경찰이나 검사들이 질문을 할 때 함께 독립운동을 한 사람들의 이름은 하나도 대지 않았다. 이름을 댄다거나 묻는 대로 순순히 대답을 잘한다고 해서 풀려나는 경우는 거의 없었다. 결국 일본 경찰이나 검사들은 여운형의 입을 통해서는 함께 일한 사람들을 한 사람도 알아낼 수 없었다. 오히려 그는 일본 형사들의 무식함을 들춰내어 부끄럽게 만들었다.

3년 간 감옥에서 지내야 하는 여운형은 서대문 형무소에 갇히게 되었다. 잠은 세 시간 이상 잘 수 없었다. 먹는 것도 제대로 먹을 수 없었다. 게다가 조선으로 잡혀 들어오던 날 날씨가 매우 더워서 물만 마시다 보니 소화가 제대로 안 되었는데 본격적으로 감옥 생활을 하면서 건강이 더욱 나빠졌다.

 감옥에 들어간 지 반년도 못 되어 여운형은 머리가 하얗게 세어 버릴 정도로 고생이 심하였다. 이도 아프고 소화도 안 되었으며, 신경통까지 겹쳐 밤에는 잠도 못 잤다. 말 그대로 지옥과 같은 생활이었지만, 이것이 여운형의 의지를 꺾지는 못했다. 본래 명랑한 성격의 여운형은 감옥에서의 생활이 오히려 자신을 가다듬고 단련시키는 데 더없이 좋은 기회라고 생각하여 자신과의 싸움을 시작하였다. 좀 더 쉽고 편한 생활을 하기 위해서 감옥 관리자들에게 어려움을 호소하거나 동정을 요구하지도 않았다. 이 기회에 인내력을 좀 더 기르자고 생각하며 감옥 생활을 견뎌 나갔다. 감옥에 있으면서 몇 번의 수술도 받게 되었는데 그때마다 마취도 하지 않고 견디었다.

 여운형은 감옥에서 내내 혼자 지냈다. 독서와 종이기구 만드는 일, 그리고 그물 뜨기 등을 하며 시간을 보냈다. '연못의 물고기를 바라만 보는 것보다 집에 돌아가서 그물을 뜨는 것이 더 낫다'고 생각하면서 조선 독립의 방법을 찾는 데 깊이 빠져 있었다.

 감옥에 있는 동안 여운형을 지켜보던 일본인들은 이런 여운형을 존경하지 않을 수 없었다. 갇힌 몸이면서도 항상 명랑한 성격의 여운형과 함께 지내게 된 것을 영광으로 여길 정도였다. 자신이 한 일은 양심에 따라 스스로 한 일이므로 현재의 어려움도 그저 즐겁다고 말하

는 여운형이었다.

한편 여운형이 있었던 감옥의 일본인 간수는 여운형이 감옥 생활을 마치고 나올 때에 이렇게 말하였다.

"내가 7년 동안 간수로 있으면서 많은 정치범을 보았는데 여 선생과 같은 이는 처음 보았습니다. 모두가 분노와 번뇌와 불평으로 지내는데 선생은 항상 명랑 화평한 기운으로 지내니 퍽 다행스럽게 생각됩니다."

이에 대해 여운형은 이렇게 말하였다.

"내가 한 일이 양심적이며 자각적인 것이니 남을 원망하지 않고 후회하지도 않습니다. 스스로 기쁠 뿐이니 불평이 있을 까닭이 없는 것입니다."

10. 언론 활동을 통한 독립운동

"자유는 항상 좋은 것이야. 더구나 내 나라에서 살게 되었으니!"

2년 8개월의 감옥 생활을 마친 여운형은 비로소 자유로운 몸으로 조선 땅에서 살게 되었다. 감옥에서 나오기는 했지만 아직 감옥에 남아 있는 독립운동가들을 생각하면 마음이 무거웠다. 그는 동생이 마련해 준 서울의 집에 머물게 되었다.

그날부터 여운형의 집에는 많은 사람들이 찾아왔다. 조선을 다스리던 일본 최고 관리는 여운형을 불러 위로하면서 구슬리기 시작했다. 돈과 사람은 얼마든지 대줄 테니 일본에 한번 가서 일본의 농촌 모습을 살피고 오라고 하였다.

그러나 여운형은 그동안 외국에 나가 있었고, 감옥 생활까지 했기 때문에 우리 실정을 잘 모르니, 조선에 남아서 그것부터 알아야겠다면서 그 제의를 거절하였다. 함께 있던 일본인 경찰 최고 책임자는 어떻게 생활하고 있느냐고 다시 물었다. 여운형은 조금 남아 있던 재산은 모두 없어지고, 지금은 동생의 도움으로 살아간다고 대답했다. 그 말에 일본인 경찰은 나라의 땅을 줄 터이니 농사를 지으면서 살아가라고 제의했지만 여운형은 그것도 거절하였다. 일본인들은 계속 여운형의 마음을 돌리려고 애썼지만 결국은 실패하였다.

"부당한 이익은 손해와 같은 거요. 마음에 금전을 가지지 않은 사람이 제일 부유한 사람이라는 걸 모르시오? 산 사람 입에 거미줄 치지 않으니 안심하시오."

그들의 제의를 모두 거절한 여운형은 자신의 한몸을 위해 잘 먹고 잘사는 것은 일찌감치 버리고, 조선의 독립을 위해 모든 것을 바치기로 결심했던 것이다.

1933년 3월, 여운형은 중앙일보사 사장 자리를 맡았다. 그는 그 자리를 맡으면서 이렇게 말했다.

"세계의 흐름이 요동치듯이 돌아가는 지금, 우리 신문들의 살림살이는 매우 어려운데 이를 맡게 되어 걱정이 큽니다."

여운형은 신문의 이름을 《중앙일보》에서 《조선중앙일보》로 바꾸었다. 다른 신문사 사장들은 자가용이나 인력거로 다니는데 여운형은 걸어서 다닌다는 말이 나올 정도로 조선중앙일보사의 살림살이는 어려웠다. 그렇지만 《조선중앙일보》는 민족을 팔아먹는 사람들이나 높은 관리들의 잘못된 점을 남의 눈치를 보지 않고 세상에 알렸다. 사회 지도층의 잘못을 널리 알림으로써 신문을 읽는 독자들에게 큰 환영을 받았다.

이 무렵은 독일·일본·이탈리아 세 나라가 국제 연맹에서 빠져나가 세계를 상대로 싸움을 벌이려고 하던 때였다. 독일은 히틀러가 권력을 잡고 주변 국가들을 침략하고 있었고, 일본은 만주까지 넘보고 있을 때였다. 민주적인 방법보다는 몇몇의 권력을 쥔 사람들이 국민을 마음대로 다스리고 이웃의 약한 나라들을 강제로 빼앗으면서 세계는 다시 한 번 전쟁을 눈앞에 두고 있었다.

 그동안 문화 정치를 흉내내던 일본은 다시 민족 운동에 나선 애국자들의 씨를 말리기 위해 발버둥치기 시작했다. 일본인은 독립 투쟁을 주로 공산당 사건으로 기록했다. 이는 우리 독립운동의 방향을 엉

뚱한 쪽으로 돌리기 위한 얄팍한 술수였다.

　그러나 일본이 강제로 점령한 조선은 여전히 만만치 않게 일본에 대항하고 있었다. 우리의 독립운동가들이 일제에 맞서 싸우면 싸울수록 일본인들은 이들을 엉뚱한 쪽으로 몰아붙여 독립 정신을 흐려 놓으려고 애썼다. 여운형을 잡아넣을 때 갖다 붙인 죄명이 독립운동이 아니었던 것만 보아도 일본인들의 속셈은 뻔한 것이었다.

　《조선중앙일보》는 우선 우리의 민족 정신을 일깨우기 위하여 일반 국민들, 학생들, 농민들이 살아가는 모습을 자세히 보도하였고, 이들이 하고자 하는 일에도 앞장서서 참여했다. 조선중앙일보사 사장을 맡은 여운형은 일본과 맞서 싸우는 방법 중에서 가장 기본적인 방법이 바로 우리 국민들의 의식을 일깨우는 것이라고 믿었기 때문에, 어려움을 겪는 우리 국민들을 돕는 일에 늘 앞장섰다.

　뿐만 아니라 《조선중앙일보》는 조선인들에게 해를 끼치는 사람들을 용서하지 않았다. 당시 최린이라는 사람이 전국을 돌아다니며 독립운동을 하지 말고 일본인과 함께 편안하게 살자는 강연을 했는데, 이를 나무라는 추상 같은 내용의 신문 기사는 많은 사람들의 속을 후련하게 해 주었다.

　조선중앙일보사는 독립운동을 했던 사람들을 찾아내어 일을 맡기고 사원으로 삼았을 뿐만 아니라 권투 선수나 축구 선수 출신도 사원으로 뽑았다. 이는 여운형이 운동을 유난히 좋아했기 때문이기도 했지만, 운동을 통하여 우리 민족의 기상을 드높인 사람들을 사원으로 맞아들임으로써 독립 정신을 일깨우고자 하는 뜻도 있었다.

더욱이 사원들 중에는 일본 경찰에게 붙잡혀 감옥에 갔던 사람도 꽤 많았다. 그래서 조선중앙일보사는 항상 일본 경찰의 감시를 받고 있었다.

당시 조선 체육회의 일까지 맡고 있던 여운형은 신문사의 이름을 내걸고 여러 운동 경기를 열었다. 학생들이 정정당당한 운동 경기를 치르면서 독립 정신도 아울러 기를 수 있도록 하기 위해서였다.

여운형은 외국의 선수들을 초청하여 친선 경기를 갖기도 했다. 일본의 대학 권투 팀을 초청한 경기에서 여운형은 다음과 같은 연설을 했다.

권투 정신은 우리 청년들이 본받아야 할 정신입니다. 넘어져도 다시 일어나서 끝까지 싸우는 것이 바로 권투 정신입니다. 끝까지 정정당당하게 싸우는 젊은이가 됩시다. 나는 젊은이들을 모두 좋아합니다. 젊은이들은 정의와 진리를 위해서 죽음도 무서워하지 않는 뜨거운 가슴을 안고 있기 때문입니다.

비록 일본이 우리나라를 넘어뜨렸지만 결국 우리는 다시 일어선다는 뜻이 이 연설 내용에 담겨 있었다.

여운형은 만세를 부르거나 총을 들고 싸우는 것만이 독립운동이 아니고 운동 경기도 독립운동의 한 방법이며 더 나아가서는 독립운동의 일부분으로 생각했다. 운동 경기를 연 조선중앙일보사의 사장으로서 연설을 할 때마다 여운형은 그 자리에 모인 운동 선수들에게 드러내 놓고 독립 정신을 지닐 것을 당부하였다.

여운형의 독립운동과 정치가로서의 활동 가운데 각종 운동 경기의 개최와 참여는 청년과 학생들을 만나는 좋은 기회가 되었다. 특히 정정당당한 운동 경기를 통해서 굳건한 정신과 대결의 의지를 기름으로써 독립운동도 가능하다고 믿는 그였다.

여운형은 젊은이들에게만 운동을 하도록 한 것이 아니라 자신도 운동 경기를 즐겼다. 하루치 신문 만드는 일이 끝나면 사원들과 함께 운동을 즐겼다. 여운형은 운동 경기를 통해 젊은 학생들과 만남으로써 새로운 힘을 얻었다.

또한 여운형은 웅변대회가 열릴 때마다 심사를 맡아서 새로운 지도자들을 찾아내었다. 여운형은 더 많은 사람들을 알게 되었고, 여운형을 알게 된 사람들은 그를 존경하게 되었다. 더구나 일본에까지 가서 조선의 독립을 당당하게 주장하고, 일본인들과 맞닥뜨릴 때마다 그들의 코를 납작하게 해 놓았던 일들을 사람들은 기억하고 있었던 것이다.

그러나 여운형이 이렇게 애국자의 강한 모습만 보인 것은 아니었다. 아들을 사랑하는, 자상하면서도 강한 아버지의 모습도 보여 주었다. 여운형이 1935년 2월《소년중앙》에 쓴 글에서 바로 그런 면을 엿볼 수 있다.

나 대신 싸운 봉구

봉구는 재작년 겨울, 아버지인 내가 감옥에서 나와 서울에 있는 사이 상하이에서 이 세상을 떠난 나의 맏아들입니다.

그가 여섯 살 먹었을 때, 하루는 경관들이 나를 잡으러 왔습니다. 그때 그는 가지고 놀던 생철 칼을 빼어 들고 쫓아 나가면서 우리 아버지를 왜 잡아가려느냐, 못 잡아간다고 대들어 싸우려고 했습니다.

여섯 살 먹은 그가! 나는 그를 껴안고 용감하다고 칭찬을 해 주었습니다.

일곱 살 먹었을 때는 롤러스케이트장에서 프랑스, 영국, 미국의 아이들 중 한 아이가 "너는 차이니즈(중국사람)"라고 놀리며 업신여겼습니다. 그때 그는 분함을 참지 못하였습니다.

"무엇이냐? 나더러 차이니즈라고? 나는 코리안(한국사람)이다. 여태 코리안을 몰라? 코리안은 이 세상에서 제일 간다"고 덤벼들어 서로 어우러져서 싸우는 것을 보았습니다.

나는 그가 나한테 역성을 들어 달라는 눈치를 보이므로 나무 뒤에 숨어 있었습니다. 30명 가운데 조선인이라고는 봉구 하나! 그는 끝까지 용감하게 싸워 마침내 그들을 물리치고야 말았습니다.

"싸워라! 네 힘껏 싸워라! 그리고 네가 너를 아낄 줄을 알아라!" 나는 6백만 어린 동무들 앞에서 이렇게 외치고 싶습니다.

이처럼 여운형은 조선중앙일보사의 사장 자리에 있으면서 각종 운동 경기를 열고, 그때마다 젊은이들에게 독립 정신을 불어넣어 주는 등 자유로운 활동을 하였다. 하지만 여운형은 여전히 일본 경찰의 감시를 받고 있었다. 더구나 여운형은 관찰 대상 1호였다.

여운형의 식을 줄 모르는 뜨거운 독립 정신과 젊은이들로부터 받는 존경, 그리고 그가 가진 국제적인 힘에 대하여 일본 경찰은 신경을 쓰지 않을 수 없었던 것이다. 그러면서도 일본은 그들 나름대로 여운형을 어떻게 다룰 것인가에 골몰하고 있었다. 경찰은 경찰대로 여운형을 감옥에 잡아넣어 위험을 미리 없애자고 하는가 하면, 아예 조선을 다스리는 데 앞장서게 하자고도 하였고, 중국을 비롯한 이웃 나라와의 일에 나서게 하자고도 하였다. 그렇지만 여운형은 그 어느 편에도 휩쓸리지 않고 오히려 그들을 잘 이용하고 있었다.

1934년 겨울, 여운형은 충남 아산에 있는 이순신 장군의 묘를 찾아갔다. 여운형은 우리나라의 많은 인물들 중에서 충무공 이순신 장군을 무척 존경했다. 그런 이순신 장군의 묘를 둘러본 여운형은, 제대로 보살피지 않아서 초라하게 무너져 내린 장군의 묘를 보고는 가슴이 아팠다. 여운형은 이순신 장군의 묘소를 새롭게 단장하기로 마음먹고, 그 다음 해 누구도 감히 손댈 엄두를 내지 못하던 일을 추진하게 되었다. 묘소의 흘러내린 흙들을 다시 높이 쌓아 올리고, 주위에 나무를 심은 다음 장군의 업적을 기리는 비석도 세웠다. 이때 신문사 사장이라는 것이 큰 도움이 되었다. 일제의 감시와 억압이 가득하던 그 시절, 임진왜란 때 왜군을 물리친 이순신 장군의 묘소를 가꾸는 일을 하기란 쉽지 않았을 텐데 여운형은 배짱과 애국심으로 거뜬히 그 일을 해냈던 것이다.

여운형에 대한 일본 경찰의 감시는 더욱 심해져 갔다. 지칠 줄 모르는 그의 독립 정신이 청년과 학생들에게 엄청난 영향을 미치고 있었고, 국제 사회에서도 그는 매우 힘 있는 인물로 여겨지고 있었기 때문이다.

일본의 감시 속에서도 여운형은 독립운동을 하는 동지들을 돕거나 숨겨 주는 일에 망설임이 없었다. 신문사 사장을 하면서 이런 일로 인하여 여러 번 일본 경찰에 불려 가기도 하였다. 그때마다 일본 경찰은 이렇게 물었다.

"조선 국경에서 일본에 대하여 불순한 짓을 하고 도망치는 자들을 잡고 물어 보면 늘 당신의 이름이 나오는데, 당신을 중심으로 하여 무엇인가 나쁜 일이 꾸며지고 있는 게 아닌가?"

그 자리에서도 여운형의 태도는 당당했고, 결국 일본 경찰은 여운형을 존경하는 마음을 갖게 되었다.

1936년, 마라톤 선수 손기정은 베를린 올림픽 대회에 가기 전 여운형을 찾아갔다. 손기정은 그 당시 조선중앙일보사가 주최한 전국 마라톤 대회에서 세계 최고 기록으로 우승한 터였다. 손기정 선수 역시 여운형을 존경하고 있었다. 그는 과연 자신이 베를린 올림픽 대회에 참가하는 것이 옳은지 결정하지 못하고 있었다.

그때 여운형은 이런 말로 손기정의 사기를 북돋워 주었다.

"가슴에는 일장기를 달고 가지만, 등에는 조선 반도를 짊어지고 간다는 것을 잊어서는 안 되네."

8월 10일 손기정 선수가 올림픽에서 우승하였다는 소식이 전해졌고, 《조선중앙일보》는 그 내용을 자세히 전하였다. 조선중앙일보사의 살림살이는 그때 무척 어려운 처지였다. 여운형과 신문사 직원들은 신문사를 끝까지 유지하기 위하여 버티는 데까지 버티고 있었지만 마침내 신문사의 문을 닫아야 하는 일이 벌어졌다.

베를린 올림픽 대회 마라톤에서 제일 먼저 테이프를 끊은 손기정 선수의 가슴에서 일본 국기를 지운 사진이 신문에 실렸고, 이를 구실로 일본 경찰은 신문사의 문을 닫게 했을 뿐만 아니라 여운형을 비롯한 직원들을 잡아갔던 것이었다. 일본 경찰은 여운형을 사장 자리에서 물러나게 하고 다른 사람을 사장으로 앉히면 신문을 계속 낼 수 있도록 하겠다고 했으나 신문사를 함께 운영하던 많은 사람들은 아예 신문사를 포기하기로 했다.

비록 3년이라는 짧은 기간이었지만 여운형은 신문사 사장으로 있으면서 많은 사람들에게 존경받았을 뿐만 아니라 독립 정신을 심어 줌으로써 조선 독립에 큰 영향을 미쳤다.

11. 조선 건국 동맹

　1937년, 일본은 중국과 전쟁을 벌였다. 중국의 베이징 근처에서 일본군과 중국군이 충돌한 것이 불씨가 되었다. 많은 사람들은 중국도 곧 망하게 될 것이라고 믿고 있었으나 여운형은 오히려 일본이 망할 것이라고 확신했다.

　일본은 스스로 무덤을 파고 있는 것이다. 영국과 미국은 중국을 도와 일본을 멸망시킬 것이다. 중국에는 물건을 만들 풍부한 원료와 물건을 소비할 인구가 많다. 이것들은 미국을 비롯한 많은 나라들의 입맛을 당기게 할 텐데, 어찌 일본 한 나라에게 그것을 몽땅 넘겨줄 수 있을 것인가? 미국 혼자서도 일본쯤은 넉넉히 이길 수 있을 것이지만 영국이나 다른 나라들과 함께 한다면 일본은 곧 망하게 될 것이다. 이어서 조선은 해방이 될 것이니 우리는 철저히 준비를 하여야 한다.

　1940년대가 되자 일본은 수많은 조선인들을 전쟁터로 내몰았다. 뿐만 아니라 전쟁에 쓸 물자들을 바치도록 강요했다. 그러나 여운형은 결코 협조하지 않았다. 일본인들은 돈이나 높은 지위를 주어 이런 여운형의 뜻을 꺾으려고 했다. 그러나 여운형은 협조하면 몸과 마음이 편해질 것이라는 것을 알면서도 자신의 뜻을 지켜 나갔다.

'죽는 것이 무서워서야 어떻게 독립운동을 하겠는가. 이 길에서 이미 많은 조선인들이 목숨을 바쳤거늘, 앞으로도 독립이 이룩될 때까지 민족의 넋을 지켜 죽는 사람들이 끝없이 늘어날 것이다.'

이런 믿음이 여운형의 몸과 마음을 가득 채우고 있었다.

여운형을 더욱 괴롭힌 것은 같은 민족이면서 일본의 앞잡이가 된 사람들이었다. 특히 그동안 조선 사람들에게 존경을 받다가 하루아침에 일본의 앞잡이가 된 지도자들을 보면 마음이 아팠다. 그들의 행동이나 말 한마디가 아직 세상 돌아가는 형편을 제대로 판단하지 못하는 사람들에게 매우 큰 영향을 미치고 있었다. 따라서 여운형은 그들을 못마땅하게 여겼다.

특히 여운형의 불 같은 성격은 배운 것이 많은 사람들 중에 일본의 앞잡이가 된 사람들이 보이는 어리석은 행동에 대하여 직접 표현되기도 하였다. 그들 가운데 아침마다 한곳에 모여 운동을 하는 몇몇이 있었다. 그들은 운동을 시작하기 전에 일본 천황이 있다는 동쪽을 향하여 일본인들이 하는 방식의 행사('동방 요배'라고 함)를 하였다.

어느 날 여운형이 마침 그곳을 지나가다가 그들이 하는 짓을 보게 되었다. 그들 중 한 사람이 여운형에게도 일본 천황에게 하는 의식을 함께 하자고 하였다. 이때 여운형이 한 대답은 무뚝뚝했지만 그들의 비겁한 가슴에 꽂는 칼날 같은 것이었다.

"자네들이나 하게. 아무 데나 절을 해서야 되겠는가?"

그러나 일본인들은 여전히 여운형에게, 조선의 민족 정신을 뿌리부터 없애기 위해 실시한 여러 제도를 앞장서서 받아들이도록 끊임없이 강요하였다.

그 대표적인 일이 성과 이름을 바꾸도록 한 것과 일본인들의 신을 모신 곳을 찾아가서 절을 하도록 강요한 것이었다. 어느 민족이 다른 민족을 침략하여 그 민족에게 성과 이름을 자기 나라 방식으로 바꾸라고 한 일은 세계 역사상 유례가 없었다. 여운형의 입장에서는 일반 백성들이 성과 이름을 바꾸는 일보다 많이 배웠거나 사회의 지도자로 존경을 받던 사람들이 앞장서서 일본의 요구대로 성과 이름을 바꾸는 것에 더 속이 뒤틀렸다.

"조상 대대로 내려오는 성을 하루아침에 갈다니, 쓸개 빠진 것들……."

이런 여운형에게 많은 사람들이 찾아와서 빨리 성과 이름을 바꾸어 조선인들에게 모범을 보이라고 요구하였다. 그러나 여운형은 끝내 이에 따르지 않았다. 뿐만 아니라 일본인들의 신을 모신 곳을 찾아가 절을 하라는 요구나 일본인들이 세계 여러 나라들과 싸우는 데 사용할 돈이나 물건을 내놓으라고 설득하는 일에도 결코 참여하지 않았다. 그는 이런 행동 때문에 나중에는 경찰서에 불려 가게 되었다.

"내가 어떤 일을 하든지 그것은 내 자유다! 낼 돈도 없지만 당신들이 평화를 깨뜨려 가며 일으킨 전쟁에는 돈이 있어도 낼 수가 없다!"

일본 경찰들이 눈을 부릅뜨고 있는데도 그 앞에서 쩌렁쩌렁 소리를 질러 댄 여운형이었다.

일본인들은 높은 자리와 돈을 제시하며 여운형을 자신들 편으로 만들려고 했지만, 그는 일본에 협조하는 일이라고 판단되면 모두 거부하였다. 그들의 요구를 거부하는 것은 목숨까지 위협받는 일이었지만, 조국 독립을 위한 용기가 밑바탕에 깔려 있는 여운형에게는 자연스러운 행동이었다.

여운형은 이런 가운데도 조선 안에 있는 독립운동가들과 연락을 취하여 조선의 독립에 대비하였다. 여운형은 오래지 않아 조선이 독립될 것을 믿고 있었기 때문에 항상 준비하고 있어야 한다고 생각했다. 이런 여운형에게는 항상 많은 사람들이 모여들었고 일본 경찰의 감시와 간섭은 더욱 심해졌다.

결국 여운형은 일본의 높은 관리와 여러 번 만난 끝에 일본에 가기로 하였다. 사실 그의 마음속에는 다른 목적이 있었다. 그동안 국내에만 있었던 까닭에 나라 안팎의 모습을 제대로 살필 수가 없었다. 그래서 이 기회에 세계가 돌아가는 모습을 직접 살펴보고, 또한 일본에 있는 관리들의 생각도 알아내어 독립운동에 효과적으로 이용하고자 했다.

그리고 한편으로는 조선 안에 있는 경찰들의 감시에서 벗어나서 일본 경찰을 혼란스럽게 하고, 일본에 있는 우리의 우수한 청년들을 찾아내어 독립에 대비해야겠다고 생각했다. 그것이 여운형이 일본에 가려고 했던 본마음이었다. 우리의 속담처럼 호랑이를 잡기 위하여 호랑이 굴로 들어갔던 것이다.

이후 여운형은 조선과 일본을 오가면서 우리나라의 유학생들과 애국적인 젊은이들을 많이 만났다. 이 만남을 통하여 여운형은 일본이 아시아 각국을 상대로 일으킨 전쟁이 어떻게 진행되어 가고 있는지를 알 수 있었으며, 이들에게 일본은 반드시 전쟁에 져서 망한다는 믿음을 갖도록 해 주었다. 이 젊은이들은 여운형과 만남으로써 독립운동의 선봉에 섰다가 감옥에 갇히기도 하였고, 감옥에서 죽기도 하였으며, 해방 후에는 우리나라를 위하여 많은 일을 하기도 하였다.

일본은 마침내 미국과 전쟁을 시작했다. 미국 하와이의 진주만을 공격한 것이다. 이탈리아와 독일도 미국과의 싸움을 선포했다. 이 전쟁은 일본·이탈리아·독일이 한편이 되고, 미국·중국·소련·영국 등이 한편이 되어 일으킨 제2차 세계 대전이었다.

이 전쟁이 시작된 이후 일본은 우리나라를 더욱 못살게 굴었다. 많은 사람들이 전쟁터로 끌려갔고, 전쟁 비용을 마련하기 위해 쇠로 된 밥그릇과 당장 먹을 쌀까지 내놓아야 했다. 우리의 지도자들도 일본 편과 독립운동가 편으로 나뉘어 심하게 다투었다. 일본 편에 서서 전쟁터에 나가라고 주장하는 사람들이 많으면 많을수록 나라 안팎에서는 일본이 망할 것을 믿고 독립운동을 벌이는 애국자들도 늘어 갔다.

전쟁이 더욱 치열해지고, 일본에 대한 우리 국민들의 반대가 심해지자 일본인들은 여운형에게 이를 가라앉히는 데 앞장서 줄 것을 요구하였다. 그때 여운형은 일본에 있었는데, 조선으로 빨리 오라는 전보를 받고 조선으로 돌아왔다. 물론 여운형은 일본 관리들의 요구를 거절하였고, 그 즉시 헌병대로 잡혀갔다. 그들은 일본이 망할 것이라는 헛소문을 퍼뜨렸기 때문에 여운형을 잡아넣었다고 했지만 실제 이유는 독립운동의 중심을 없애기 위해서였다.

이후 여운형은 감옥에 갇혀 있다가 6개월 만에 풀려났지만 이미 몸은 몹시 쇠약해져 있었다. 그 틈을 노려 일본 경찰은 다시는 독립운동을 하지 않고 일본에 협조하겠다는 글을 쓰도록 강요했다. 글을 쓰지 않으면 다시 감옥에 잡아넣겠다는 협박과 가족들의 간절한 호소에 못 이겨 여운형은 그 글에 도장을 찍고야 말았다.

계속해서 일본 경찰은 여운형을 앞장세워 일본에 적극 협조하는 청년 운동을 이끌도록 하였지만, 결국은 일본인들 사이에서, 여운형에게 청년 운동을 맡기는 것은 더욱 위험한 일이라는 반대에 부닥쳐 성공하지 못하였다.

일본의 패망이 가까워지면서 독립운동에 대한 탄압도 극심해져 갔다. 독립운동가들은 서로를 믿지 못하는 지경에까지 이르렀다. 사실 겉으로 드러나는 독립운동은 불가능해졌다. 이런 와중에도 여운형은 세계 대전이 곧 끝나고 일본은 망할 것이라는 생각으로 해방을 맞이할 준비를 하고 있었다. 겉으로 드러나는 활동은 일본 경찰의 표적이 되어 희생만 따를 뿐이었으므로 독립운동은 지하에서 비밀리에 전개될 수밖에 없었다.

해방되기 1년 전, 여운형은 그동안 많은 이야기를 나눈 사람들과 비밀리에 '조선 건국 동맹'이라는 단체를 만들었다. 이 단체의 위원장을 맡게 된 여운형은 이렇게 인사말을 하였다.

"우리는 우리의 젊은이들을 위한 밑거름이 됩시다."

우리 스스로 이 나라의 주인이 되려고 하기보다는 젊고 유능한 젊은이들에게 이 나라를 맡겨 완전한 독립을 이룰 수 있도록 하자는 뜻이었다.

그리고 비밀 조직이었던 만큼 '이름 말하지 않기, 있는 곳 말하지 않기, 글 남기지 않기' 등의 세 가지 원칙을 정하였다. 누군가 한 사람이 경찰에 잡혀가더라도 이 세 가지 원칙을 지켜야 조직 전체를 지킬 수 있다는 생각에서였다. 이 단체는 일본에 적극 협조하거나 우리 민족을 배반한 사람들을 제외하고 누구나 회원으로 받아들였다.

조직에서 꼭 지켜야 할 점들도 정하였다. 모두 단결하여 일본을 이 땅에서 내몰 것, 우리의 자유와 독립을 지킬 것, 우리의 완전한 독립을 방해하는 것은 모두 없앨 것 등이었다. 매주 토요일에는 모임을 갖고 우리나라와 우리나라 주변의 정세가 어떻게 변할 것인가를 따져 보고, 그에 맞는 새로운 행동 방법을 정하여 함께 행동할 수 있도록 하였다.

한편으로는 군대를 조직하여 군대를 이끄는 방법을 연구함으로써

나중에 그들 스스로 군대를 이끌 것에 대비하기도 하였다. 단원들은 일본 경찰의 감시를 피하여 계속 새로운 단원들을 만들어 갔다. 그리하여 그들 스스로 무엇을 할 것인지 확실히 정하여 그 일들을 하나씩 실천해 나갔다.

여운형은 이와 함께 농민 동맹도 조직하였다. 이 단체 역시 조선의 독립을 위하여 조직되었는데, 이 단체의 활동은 일본과 직접 맞부딪치는 면이 많았다. 그들은 일본인 관공서에 불을 지르거나 철도를 파괴하고, 일본군에 강제로 끌려갈 우리의 젊은이들을 몰래 숨겨 주기도 하였다. 심지어는 정신 이상자처럼 행동하게 해서 끌려가는 것을 면할 수 있게 도와주기도 하였다.

일본·독일·이탈리아가 일으킨 전쟁은 시간이 지나면서 독일과 이탈리아에 점점 불리하게 전개되었다. 일본 역시 연합군에게 밀리고 있었다. 밖으로 싸워야 할 상대는 많고, 강제로 점령한 조선과 중국 등으로부터도 더욱 거센 저항을 받고 있었으므로 일본은 싸움에 한계를 느끼고 있었다.

5월이 되자, 독일은 마침내 연합국에게 무조건 항복을 하였다. 일본 또한 오키나와에서 치른 전투에서 큰 피해를 입었다. 일본의 형편이 이렇게 되자 우리 민족도 독립을 위한 싸움에 좀 더 적극적으로 나섰다. 더구나 여운형은 당시 일본 관리에게 일본이 망하기 직전이라는 말을 직접 듣고는 독립의 의지를 더욱 불태우고 있었다.

우선 당장 해야 할 일이 많았다. 그래서 여운형은 비밀리에 만든 조선 건국 동맹 조직원들을 최대한 활용하여 일본이 망하는 것에 대비하였다. 미국·영국·소련·중국의 지도자들이 모여서 일본에게 무조건 항복할 것을 권유하였지만 일본은 이를 무시하고, 일본 천황을 중심으로 더욱 드세게 싸울 것을 결의할 뿐이었다. 이에 따라 일본 히로시마에는 역사상 최초로 원자 폭탄이 떨어지게 되었고, 그곳은 인간이 살 수 없는 도시로 변하였다. 그곳에 살던 우리 동포들도 큰 피해를 입었다. 그럼에도 일본은 계속 싸우기를 고집하였다.

여운형이 만든 비밀 조직은 장소를 옮겨 가면서 계속 모임을 가졌다. 결국 일본은 망할 것이라는 믿음으로, 여운형과 동지들은 이에 대비하여 각 도에 대표를 보내기로 하였다. 마침 그때 부민관이라는 건물에서 폭탄이 터지는 사건이 발생하였다. 뿐만 아니라 함경남도에서는 공산당 사건이 드러나고, 그에 관계되었던 사람이 체포되자 일본 형사들은 서울 시내를 포위하였다. 조선 건국 동맹의 지도자들이 잡혀갈 위험에 처하게 되었던 것이다.

결국 여운형과 몇몇 동지들이 일본 경찰에 체포되었지만 뚜렷한 증거가 없어서 모두 풀려났다. 그러나 이것으로 끝난 것이 아니었다. 전국에 있던 조선 건국 동맹의 많은 조직원들이 잡혀갔다. 그야말로 그 조직이 완전히 부서지기 직전이었다. 그만큼 일본은 조선 건국 동맹을 위험한 단체로 여겼던 것이다.

12. 민족의 독립을 위한 준비 활동

　일본인들은, 일본이 망하기 직전에 조선인들이 폭동을 일으킬까 봐 매우 걱정을 하였다. 전쟁에 쓸 많은 물자들을 강제로 빼앗아 조선인들의 생활은 비참하기 이를 데 없었는데, 일본인들은 자신의 안전만을 생각하고 있었던 것이다. 그 당시 조선의 학생과 청년들 몇 만 명이 경찰에 잡혀 있는 실정이었다. 일본이 망하고 조선이 독립을 맞이할 경우 자신들이 지금까지 저지른 일들에 대해 보복을 당할까 봐 일본은 매우 두려워하고 있었다.
　일본은 여운형에게, 전국의 학교를 돌아다니며 조선 사람들이 생각을 바꿀 수 있도록 도와 달라고 애원하다시피 부탁하였다. 그러나 여운형은 조선 사람들은 평화를 사랑하므로 폭동은 일어나지 않는다고 말해 일단 그들을 안심시킨 뒤, 조선 학생들의 기분을 차근차근 설명하였다. 왜 조선의 학생들이 일본의 행동에 대하여 불평과 불만을 느끼고 있는가, 왜 조선의 학생들이 민족 감정을 앞세우고 있는가에 대하여 이야기하였다. 그는 그 이유로 일본이 조선의 모든 사람에게 성과 이름을 바꾸도록 강요하고, 젊은이들을 강제로 전쟁터에 끌고 갔으며, 생활하기에도 모자라는 물건들을 강제로 빼앗아 갔기 때문이라고 지적하며 일본측에 모든 잘못이 있다고 주장하였다.

아울러 지금 조선의 학생들은 누구의 말도 듣지 않을 상황이라는 점을 분명히 말하였다. 이는 여운형이 젊은이들의 감정을 올바르게 이해하고 있었고, 더 나아가서 일본은 곧 망하게 되리라는 것을 확신하고 있었기 때문에 가능한 일이었다.

그렇지만 조선에 있던 일본의 지도자들은 여운형에게 조선 사회의 안정과 학생들의 격한 감정을 누그러뜨릴 수 있는 방법을 끈질기게 물었다. 그렇지만 여운형은 자신이 조선 사회를 안정시킬 수 없다는 점을 분명히 밝혔다. 지금과 같은 실정에서는 누구도 할 수 없는 일이라고 말하면서, 아예 조선을 지키고 이끌어 갈 수 있도록 군대와 경찰들을 조선인들로 구성하라고 말하였다. 조선을 이끌어 갈 책임을 조선인들에게 모두 맡기라는 것이었다.

그동안 억눌리고 빼앗겼던 조선 사람들은 지금 아무리 노력해도 더 이상 나아지지 않는 상황, 앞날에 대한 희망을 가질 수 없는 상황에 처해 있기 때문에 누군가 좀 더 억누르면 풍선 터지듯이 터질 수밖에 없는 지경이라며 오히려 일본인들에게 겁을 주었다. 경찰에서 잡아가거나, 잡아다가 모진 고문을 하면 할수록 조선 젊은이들의 감정은 걷잡을 수 없는 곳으로 터지고 말 것이라고도 하였다. 그 말은 이제 일본이 조용히 조선 땅에서 물러가라는 뜻이었다.

여운형과 일본 관리와의 대화 이후 학생에 대한 탄압이 조금 누그러지고, 잡혀갔던 학생들이 풀려나기도 하였다.

여운형은 일본이 망할 경우 어떻게 나라를 세울 것인가에 대하여 생각하고 있었다. 그는 독립운동 단체와 독립운동가들이 서로 협조해서 나라를 세우는 것이 가장 좋을 것이라는 생각을 갖고 있었다. 그 방법으로는 조선 안에 있으면서 독립운동을 하던 사람들이 모여서 나라를 세울 준비를 마친 다음, 나라 밖에 있는 독립운동가들을 맞아들여서 정부를 새롭게 세울 생각이었던 것이다. 어느 누가 독립운동을 더 많이 했느냐를 따지기에 앞서 모두가 한마음이 되어 나라를 세우는 것이 더 중요하다고 생각했기 때문이다.

그런데 그 당시 조선 안에는 일본의 탄압으로 모든 단체들이 해체되어 여운형이 중심이 되어 만든 조선 건국 동맹 이외에는 단체가 없었다. 독립운동가들은 경찰에 잡혀 있거나, 감히 겉으로 드러내어 활동하지 못하고 있었다. 이런 지경이어서 여운형은 많은 독립운동가들

에게 도움을 주고 있었고, 아예 여운형과 함께 활동을 하는 경우도 있었다. 일본이 망하고 독립되기 직전의 조선에서는 여운형이 바로 독립운동의 중심이었다. 그래서 여운형은 미국 등의 연합군이 조선에 들어오면 이들에게 내놓을 조건을 구상하고 있었다.

조선의 해방은 조선인들이 노력한 결과이기도 하므로 우리에게 주권이 있다는 것, 우리 조선이 독립하여 나라를 세우는 데 쓸데없이 간섭하지 말 것, 조선 안에 있는 모든 재산들은 일본인들이 이루어 놓은 것이 아니라 조선인들의 것이라는 것, 나라의 안전 유지는 조선인이 해야 한다는 것이 바로 그것이었다. 여운형은 우리 민족의 자존심을 연합국을 비롯한 세계 여러 나라에 알리고, 스스로 나라를 세울 수 있다는 것을 보이고자 했을 뿐만 아니라, 큰 나라에 기대려는 생각이 없다는 것을 분명히 하고 싶었던 것이다.

소련은, 1945년 8월 8일, 일본과의 전쟁을 선포하고 일본의 대륙 침략의 발판이 되고 있던 만주로 들어오기 시작하였다. 소련군이 만주에 들어오자 일본은 더 이상 싸움을 계속할 수 없음을 깨달았다. 이미 유럽에서는 소련에 의해 새로운 나라가 세워졌고, 이것을 안 일본은, 자신도 그와 같이 될 것을 염려하여 소련과 싸움을 중지하기로 결정하였다. 그 당시 일본은 천황이 최고 지도자였는데, 소련에 의해 유럽에서 각 나라의 지도 체제가 바뀐 것처럼 일본도 나라를 다스리는 체제가 바뀔 것을 염려했기 때문에 소련과의 전쟁 중지는 매우 중요한 문제였다. 일본 최고 관리들이 이 문제를 상의하기 위해 모였던 8월 9

일 나가사키에 두 번째 원자 폭탄이 떨어졌다.

이러한 순간에도 일본은 여운형을 감시하고 있었지만, 여운형은 자신을 감시하는 일본 형사에게 오히려 일본이 망하게 될 것을 거듭 이야기하였다. 여운형과 함께 민족의 독립이 가까워 옴을 믿고 있던 우리의 여러 지식인들도 사회의 각 분야에서 해방에 대비하고 있었다. 또 어떤 사람들은 라디오 방송을 들으며 일본이 처한 상황을 세심하게 파악하고 그 내용을 서로 토론함으로써 새로운 나라를 세우는 데 더 좋은 방법을 궁리하고 있었다.

소련군은 만주 깊숙이까지 들어와서 일본을 압박했다. 우리 민족 지도자들은 좀 더 구체적인 일에까지 독립에 대비하였다. 녹립이 뇌었음을 세계 각국에 알리는 글도 지어야 했고, 새로운 나라의 이름도 정해야 했다. 세계 각국에 독립이 되었음을 알리는 글은, 1919년 3월 1일에 발표했던 독립 선언서의 내용을 유지하기로 하였다. 다만, 우리나라는 세계 평화에 이바지하는 나라이며 민주주의 국가로서 모든 사람은 똑같이 소중하고, 자신의 이익을 채우기 위해 남을 함부로 대하지 말아야 하며, 그동안 일본에게 협조했던 사람들은 새로운 나라를 세우는 데 참여시키지 않는다는 내용을 더 보충하기로 하였다.

1945년 8월 15일 아침, 여운형은 일본의 경찰 책임자를 만났다. 일본은 정식으로 천황이 항복한다는 방송을 준비하고 있었다. 일본 경찰은 이후 조선에 있는 일본인들의 안전에 대하여 여운형에게 도움을 청했다. 여운형에게 경찰이 하던 일을 맡아 줄 것을 부탁하면서 일본인들의 안전은 모두 여운형의 손에 달려 있다고 말했다. 이에 여운형은 일본인 경찰 책임자에게 몇 가지 조건을 내걸었다.

첫째는 그동안 일본이 감옥에 가둔 조선인들을 모두 석방하라는 것이었다. 그들은 대부분 독립운동을 하던 애국자들이었다.

둘째는 가장 많은 사람들이 살고 있는 경성(지금의 서울)에 석 달치의 식량을 마련해 달라는 것이었다. 그동안 일본이 치른 전쟁으로 조선인들의 식량 사정은 말이 아니었고, 막상 해방이 되어 일본 경찰의 힘이 빠져 나가면 식량 때문에 폭동이 일어날지도 모르기 때문이었다.

셋째는 조선인들에게 넘겨준 경찰의 임무와 각종 건설 사업에 절대로 간섭하지 말라는 것이었다.

넷째는 새로운 나라를 건설하고자 하는 학생들을 훈련하고, 청년들의 힘을 모으는 일에 일본인들은 간섭하지 말라는 것이었다. 여운형은 학생과 청년들은 새로운 나라를 세우는 데 가장 큰 힘이며, 새로운 나라를 이끌어 갈 일꾼들이라고 여기고 있었다.

다섯째는 그동안 조선에 와서 일하고 있던 일본인 기술자들은 당분간 그 자리에서 일하면서 우리의 기술자들로 채워질 때까지 조선에 남아 있을 것을 요구하였다. 비록 일본이 망하여 자기 나라로 돌아가지만, 돌아가기 전까지는 조선에 협조해야 한다는 점을 당당하게 말한 것이다. 물론 일본은 이에 대하여 전혀 다른 말을 못하고 모두 받아들였다.

낮 열두 시가 가까워지자 여운형의 집에 많은 사람들이 모여들었

다. 일본 천황의 항복 방송이 있을 거라는 소식을 들은 그들은 여운형의 집에 빽빽이 들어찼다. 그동안 여운형을 중심으로 독립운동을 함께 했던 사람들이었다. 마침내 정오가 되자 일본 천황은 울먹이는 목소리로 연합국의 뜻을 모두 받아들이겠다고 방송하였다. 이는 곧 조선의 독립을 뜻하는 말이었다. 조선은 온통 태극기와 만세 소리로 뒤덮였다.

여운형은 일본 경찰의 최고 책임자로부터 넘겨받은 경찰의 임무를 다하기 위해 치안대를 조직하도록 했다. 또 나라를 세우는 일을 어떻게 할 것인가를 계획하기 위해 젊은 학자들의 모임을 활용하기로 하였다. 이어서 여운형은 태극기를 앞에 달고 헌병 사령부로 차를 몰았다. 함께 일하다가 잡혀간 동지를 풀어 주기 위해 간 것이었다. 일본인 헌병 사령관은 그에게 경례하고 이렇게 말하였다.

"그동안 선생님을 괴롭게 해 드려서 죄송합니다. 제가 맡은 일이어서 어쩔 수 없이 그렇게 하였는데, 사실은 선생님을 존경했습니다."

이어서 여운형과 동지들은 서대문 형무소에도 갔다. 일본인 경찰 책임자한테 내놓았던 조건 중 하나인 조선인 석방을 요구하기 위해서였다. 여러 가지 어려움 속에서 결국은 여운형의 주장대로 그들을 오후 네 시에 감옥에서 내보내 주기로 했지만 일 처리가 제대로 안 되어 다음 날로 미루어졌다.

일본 천황의 항복 방송을 듣고, 또 일본인 경찰 최고 책임자가 여운형과 이야기한 사실이 알려지자 여운형의 집 근처 학교에는 수많은 사람들이 모여들어 밤늦게까지 노래를 부르고 만세도 외치면서 해방의 기쁨을 마음껏 누렸다. 많은 사람들은 새로운 나라를 세우는 데 여운형의 능력이 필요하다고 굳게 믿고 있었다.

이날 저녁 여운형은 각계각층의 지도자들과 새로운 나라를 세우기 위한 단체를 조직하였다. '조선 건국 준비 위원회'라는 것이 바로 그것인데, 여운형은 이 단체의 위원장에 선출되었다.

16일 오전 열 시에 전국의 감옥에 갇혀 있던 많은 독립운동가들이 밖으로 나왔다. 그들 중에는 10년도 넘게 감옥에 갇혀 있던 탓에 신체적으로 매우 허약해진 사람도 있었지만, 눈빛만은 그 어느 때보다 기쁨으로 반짝였다. 여운형은 서대문 형무소와 마포 형무소를 방문하여 그동안 감옥에서 고생한 사람들을 위로하였다.

오후에는, 여운형을 보고 싶어하는 수많은 사람들이 모여 있는 집 옆의 휘문중학교 운동장을 방문하였다. 이 자리에서 여운형은 그들에게 힘을 북돋워 주는 유명한 연설을 하였다.

해방의 날입니다! 어제 나는 일본 최고 경찰 책임자와 이야기를 나누었습니다. 그는 '그동안 일본이 조선인들에게 많은 잘못을 저질렀지만, 헤어지는 지금은 서로 웃는 낯으로 헤어지는 것이 좋겠다. 피를 흘리고 서로에게 해를 입히는 일이 없도록 조선인들을 설득해 주기 바란다'라고 나에게 애원했습니다.

이제 우리는 민족 해방의 첫걸음을 내딛게 되었습니다. 우리가 겪은 지난날의 아프고 쓰라린 기억들은 이 자리에서 모두 잊어버리고, 이 땅에 새로운 낙원을 세워야 합니다. 한 사람의 영웅보다 백 사람의 참다운 국민이 필요한 때입니다. 머지않아 외국 군대들이 이 땅에 들어올 텐데, 그들에게 조금도 부끄러움 없는 우리 민족의 모습을 보여 주도록 합시다. 항복의 백기를 든 일본인들을 볼 때, 우리는 몹시 통쾌하고 기쁩니다. 그러나 그들에게 우리의 아량을 보여 줍시다. 세계 문화 건설에 백두산 아래에서 살아 온 우리의 힘을 바치도록 합시다. 이제 해외에 나가 우리의 독립을 위해 온몸을 불살랐던 훌륭한 지도자들이 곧 돌아오게 될 것입니다. 그분들이 돌아올 때까지 우리의 힘을 모아 새 나라 건설의 기틀을 다지도록 합시다!

곧 일본이 망하고 조선이 독립할 것을 믿고 있었던 여운형은 이제부터 가장 필요한 것은 나라의 혼란을 막을 경찰이라고 생각했다. 그래서 그는 유도 사범이자 YMCA의 간부인 동지 한 사람에게 치안에 대한 연구를 하도록 부탁해 놓았다. 해방이 되자 여운형은 곧바로 체육계 대표, 체육 교사와 학생 대표들로 '건국 치안대'를 조직하였다.

건국 치안대는 첫째로 학생과 청년 2천여 명을 조직해 경성의 혼란을 예방하게 하고, 둘째로 지역별, 직장별 치안대를 조직하여 안전을 지키며, 중요한 물자와 관공서, 특히 물을 공급하는 곳을 철저히 보호하도록 하고, 셋째로 전기 회사와 철도국은 전기 공급과 교통에 문제가 발생하지 않도록 하였으며, 넷째로 전문 대학이나 대학생들을 뽑아 지방에 보내서 지방 치안대를 조직하도록 하였다. 이에 따라 162개의 지방 치안대가 조직되어 지방의 혼란을 예방할 수 있었다.

조선에 남아 있던 일본인들은 그들이 가지고 있던 재산들을 태우거나 파괴하기 시작했다. 따라서 경제적으로 혼란이 일어날 수밖에 없었다. 뿐만 아니라 일본인들에게 협조했던 사람들에게 무기를 대 주는 등 사회적으로도 혼란이 일어나도록 부채질하였다. 이에 대응하여 치안 대원들은 몸을 아끼지 않고 이들과 맞섬으로써 더 이상 혼란은 일어나지 않게 되었다.

여운형은 식량 문제에도 신경을 썼다. 해방 전에 만든 조선 건국 동맹에 식량 대책을 준비하는 위원회를 만들기도 한 여운형이었다. 이 식량 대책 위원회는 조선 건국 준비 위원회와 협조하여 일본인들이 식량 생산에 관한 중요한 자료를 불태우고 식량을 훔쳐 빼돌리는 것을 막았을 뿐만 아니라, 일본 군인들의 식량 저장소를 찾아내어 우리의 것으로 만들고, 식량 운반을 위한 교통 지원 활동도 활발하게 하였다.

　여운형의 이런 여러 가지 활동은 새로운 나라를 건설하는 데 앞날을 내다보는 눈을 가진 지도자가 반드시 필요하다는 사실을 입증하는

셈이었다.

  여운형은 1932년에 총독부로부터 '농촌 진흥 운동'에 대한 협조를, 1938년에 중일 전쟁에 대한 협조를, 1940년에 창씨 개명에 대한 협조를, 1944년에는 중국과 일본의 외교에 대한 협조를 각각 요청받았지만 모두 거절했다. 그 때문에 1942년부터 1943년까지 다시 투옥되기도 했지만 그는 굴복하지 않았고, 1944년에는 '조선 건국 동맹'이란 지하 조직을 건설하여 한국의 독립을 준비했다.

  여기서 우리는 여운형의 애국자로서의 높은 지조를 엿볼 수 있으며, 그가 우리 독립운동사에서 차지하는 무게를 짐작할 수 있다.

13. 새로운 나라

1945년 8월 17일, 여운형은 조선 건국 준비 위원회 위원장으로서 국민에게 다음과 같은 내용을 발표하였다.

조선 건국 준비 위원회는 첫째로 국민의 안전한 일상 생활을 위하여 최선을 다하고, 둘째로 나라를 세우기 위하여 모든 국민과 함께 그 힘을 모으며, 셋째로 교통과 통신, 식량 공급을 위하여 제일 먼저 최선을 다하겠습니다.

이 글에는 독립의 기쁨에 젖어 있는 국민들의 들뜬 마음과 불안감을 가라앉히고, 조선 건국 준비 위원회가 하는 일이 무엇인지를 확실하게 알리려는 생각이 담겨 있었다. 중앙에서만 건국을 위한 준비를 진행한 것이 아니라 지방에서도 지방 조직을 만들어 건국 준비를 하였다.

이를 좀 더 치밀하게 실천하기 위하여 여운형의 집에는 늘 많은 사람들로 북적거렸다. 이 사람들 가운데 여운형은 건국을 위해 몸과 마음을 바칠 사람들을 골랐다. 새롭게 나라를 세우는 일만큼 중요한 일은 없다고 믿었기 때문에 각계각층의 사람들을 조선 건국 준비 위원회에 골고루 참여시켰다. 그렇게 함으로써 조선 건국 준비 위원회는 누구 한 사람의 뜻이 아니라 국민 전체의 뜻을 반영할 수 있었고, 많은 국민들은 조선 건국 준비 위원회의 활동에 믿음을 가지고 협조할 수 있었던 것이다.

1945년 8월 18일자 신문에는 이를 잘 나타내는 다음과 같은 기사가 실려 있다.

위대한 새 조선의 탄생을 앞두고 역사적인 과업을 계속하고 있는 조선 건국 준비 위원회는 매일 눈코 뜰 새 없이 바쁘다. 이제는 치안대의 호위 속에서 몰려드는 군중들을 진정시키고, 앞으로 펼칠 계획들이 차질 없이 진행되고 있다. 높고 위대한 이상 아래 계획을 짜내는 새로운 조선 건설 사업은 우리 3천만 민족의 행복을 그 무엇보다도 앞세우는 것이다. 이 본부에는 새벽부터 각계의 지도자급 인사들이 쉴 새 없이 드나든다. 신문 기자반, 사진반, 영화 촬영반, 방송반 등의 자동차와 오토바이가 그칠 사이 없이 들이닿는다. 이웃 어느 부인은 죽을 쑤어 이고 오고, 어느 할머니는 밥을 지어 이고 온다. 또 어느 청년은 가벼운 주머니를 훌훌 털어 운영비로 바치고 간다. 어디에 이만한 우리의 단결력과 애정이 숨어 있었던고! 밤이 깊어도 방마다 환하게 켜진 불빛은 꺼질 줄을 모르고, 우리 3천만 형제는 진심으로 이 위원회의 발전을 빌어 마지 않는다.

또한 그 당시 모습을 살펴본 외국인이 쓴 다음과 같은 글에서도 조선 건국 준비 위원회의 활동을 엿볼 수 있다.

미국은 아무런 준비 없이 조선에 들어갔다. 그런데 조선에는 여운형이 이끄는 조선 건국 준비 위원회가 있었다. 그동안 많은 준비가 있었던 것이다.

조선 건국 준비 위원회와 함께 새로운 나라를 건설하기 위해 애쓴 단체로 조선 건국 동맹이 있었다. 사실 조선 건국 동맹은 비밀 단체였기 때문에 그 활동이 매우 제한적이었지만, 해방이 되고 나서는 겉으로 드러나는 활동을 전개하기 시작했다.

조선 건국 동맹과 조선 건국 준비 위원회는 사실 그 성격이 매우 달랐다. 여운형은 조선 건국 동맹을 만들 때, 해방이 되면 이 조직을 정치 단체, 즉 정당으로 바꿀 생각이었고, 조선 건국 준비 위원회는 정식으로 새로운 나라를 세우기까지 임시로 만들어진 정부의 성격을 띠고 있었다. 사실 조선 건국 동맹에서 활동하는 사람들은 해방이 되면 자신들이 새로운 나라의 중심 지도자가 되어 정치를 할 수 있을 것이라고 생각하고 있었는데, 자신들의 생각대로 되지 않고 전혀 다른 사람들이 조선 건국 준비 위원회에서 활동하는 것에 불만을 품게 되었다.

조선 건국 준비 위원회는 전국적으로 조직되어 지방까지 다스렸기 때문에 중앙에 있는 조선 건국 준비 위원회에서 활동하면 금세 높은 지위에 오를 수 있을 것이라고 착각하는 사람들도 생겨났다. 그런 이유로 많은 사람들이 조선 건국 준비 위원회 사무실로 몰려들어 북적거리자, 조선 건국 준비 위원회에서는 아무나 드나들 수 없도록 출입을 통제하였다. 그러자 이번에는 조선 건국 동맹 사무실이 붐비게 되었다. 그러나 여운형은 많은 사람들로부터 존경받고, 능력 있는 사람들이 새로운 나라를 세우는 데 능력을 발휘할 수 있기를 바랐다.

여운형이 새로운 나라를 세우기 위해 애쓰고 있을 무렵, 민족 지도자들은 새로운 나라를 세우는 방법에 대해 서로 다른 생각을 가지고 있었다.

그 당시 우리나라의 형편은 이러했다.

일본이 조선 땅에서 물러나자 남쪽에는 미군이, 북쪽에는 소련군이 38도 선을 경계로 들어와 있었다. 여운형은 남쪽에서 새로운 나라를 세우기 위해 애쓰면서도 혼자의 힘보다는 여럿의 힘이 더 바람직하다는 생각에서 많은 지도자들과 이 문제에 대해 대화를 나누었다. 그 중에서도 송진우라는 지도자와 의견을 나누고 싶었는데, 송진우의 생각은 여운형과 달랐다.

여운형은 이미 조선 건국 준비 위원회를 만들어 독립 국가를 세우려 하고 있었고, 송진우는 오래 전 중국에 세워진 임시 정부를 중심으

로 독립 국가를 세워야 한다는 생각을 갖고 있었다. 비록 서로 생각은 달랐지만 여운형은 송진우의 생각을 존중하여 국가의 큰일을 위해서는 서로 협조해야 한다는 점을 여러 번 강조하였다. 하지만 송진우는 그때마다 여운형과의 만남을 거부하였다.

여운형을 따르는 사람들도 이제 송진우와의 만남을 포기하라고 여운형에게 권유했다. 그러나 전 국민의 단결을 바탕으로 새로운 독립 국가 건설을 원하던 여운형은 송진우와의 만남을 위하여 성의를 다했다.

한편 북쪽에는 조만식이 있었다. 여운형은 조만식에게도 조선 땅에 하나의 완전한 독립 국가를 세울 수 있도록 함께 노력하자고 요구하였다. 이에 조만식은 여운형에게 적극적으로 협조하겠다는 회신을 보냈다.

그러나 송진우는 여운형과의 만남을 끝내 거부하였다. 여운형이 공산주의자라고 믿었기 때문이다. 레닌과의 만남, 중국 공산당에의 가입 등 여운형의 과거 행적 때문에 송진우는 여운형을 공산주의자라고 굳게 믿고 있었다.

그 당시 우리의 지도자들은 공산주의자, 아니면 민주주의자 둘 중 하나로 자신을 주장하는 형편이었다. 그렇게 주장만 하는 것이 아니라 상대편을 자신과 전혀 다른 나쁜 생각을 갖고 있는 사람이라고 욕하기도 하였다. 이들은 만나기 전부터 서로를 믿지 않고 의심하였기 때문에 독립 국가 건설을 위해 좋은 생각을 나눌 기회를 가질 수 없었다.

민족주의자 여운형은 새로 건설된 나라는 우리 민족의 단결된 힘에 의한 우리 민족의 국가이어야 한다는 생각을 가지고 있었다. 여운형은 송진우를 한쪽으로 너무 치우친 생각을 갖고 있는 민주주의자라고 생각했다.

이렇게 지도자들끼리 치고받는 일이 계속되면 독립 국가 건설은 점점 더 어려워질 것이 분명했다. 여운형은 이쪽이나 저쪽으로 치우치지 않도록 서로의 생각을 모아야겠다고 판단하고 자신에 대하여 좋지 않은 생각을 가지고 있는 송진우를 만나고자 했던 것이다.

여운형은 자신이 독립 국가의 중심에 서서 최고 지도자로서 남에게 대우받기보다 그동안 일본의 억압 속에서도 민족의 지도자 구실을 훌륭히 해낸 많은 사람들의 뜻을 모으는 중간자로서의 역할을 하고 싶었던 것이다. 비록 많은 사람들로부터 적극적인 협조를 받지는 못했지만 여운형은 조선 건국 준비 위원회 위원장으로서 매우 바쁜 날들

을 보내고 있었다.

　8월 하순이 되자 조선 건국 준비 위원회는 전국적으로 150여 개가 조직되었다. 이렇게 많은 지방 조직이 생기자 조선 건국 준비 위원회가 하는 일이 무엇인가를 국민에게 좀 더 자세하게 알릴 필요가 있었다. 그래서 '선언'과 '강령'을 만들어 발표하였다. '선언'에서는 우리나라의 완전한 독립과 민주주의 확립이 가장 시급한 문제임을 널리 밝혔고, '강령'에서는 다음과 같은 일들을 내세웠다.

첫째, 우리는 완전한 독립 국가의 건설을 위해 노력한다.
둘째, 우리는 우리 민족 전체가 원하는 민주주의 정부를 세운다.
셋째, 일본으로부터 독립된 이후 현재 우리의 혼란을 바로잡을 수 있도록 우리 손으로 질서를 지키며, 불편하지 않은 국민 생활을 위해 노력한다.

조선 건국 준비 위원회의 이름으로 이러한 내용을 발표하고, 여운형은 그동안의 고생에 대하여 조선 건국 준비 위원회 위원들을 위로하였다. 그 위로의 말에는 여운형의 마음이 잘 드러나 있다.

그동안 심한 더위에 고생하신 여러분들께 진심으로 감사드립니다. 저는 그동안 몸이 아파서 시골에 가 있었는데, 그곳에서도 다른 곳에서와 마찬가지로 식량을 더 많이 생산하기 위해 노력하는 농민들을 보았습니다. 자신이 맡은 일을 위하여 땀과 피를 흘리는 우리 국민들을 보면서 나는 큰 감동을 느꼈습니다. …… 그동안 일본에게 오랜 기간을 눌려 살다가 이제 해방의 감격을 맛보는 우리로서는 큰 기쁨을 가눌 길이 없음에도 거기에는 질서가 있고, 스스로의 마음을 잘 다스리는 모습들이 깊이 배어 있었습니다. 우리 국민의 높은 수준을 충분히 짐작할 수 있었습니다. 우리와 같은 형편을 당했던 만주인들은 질서도 없고, 전혀 다른 형편에 있다고 합니다. 이런 차이를 보이는 것은 우리 국민들의 높은 문화 수준을 바탕으로 하여 그동안 우리가 조선 건국 준비 위원회를 만들어서 우리 국민들을 보호했기 때문일 것입니다.

지금 우리는 많은 제갈공명보다는 한 사람의 병사가 더 필요합니다. 우리가 생각하고 있는 큰일을 이루기 위해서는 누구나 망설임 없이 좋은 의견을 내놓는 것이 중요합니다. 그러므로 우리 건국 준비 위원들께서는 더 많은 사람들을 만나 의견을 모아서 우리

의 단결된 마음을 더욱 굳게 하여야 할 것입니다. 지금 우리가 할 일은 새로운 나라가 세워질 때까지 준비를 철저히 하는 것과 국민들의 안전한 일상 생활을 유지하는 일입니다. 나는 이 임무를 마치면 농촌으로 돌아갈 것입니다.

해방의 기쁨도 잠시, 여운형은 해방을 맞은 날로부터 사흘 후에 집 근처에서 괴한들에게 폭행을 당하고 일주일 동안 병원에 입원하게 되었다. 그동안 조선 건국 준비 위원회에서는 많은 문제가 생겼다.

조선 건국 준비 위원회는 여운형을 대신하여 부위원장이 이끌어 가고 있었다. 그 부위원장은 여운형과 다른 점이 많았다. 여운형은 자신의 뜻을 분명하게 밝히고 그의 주장을 실천하는 데 남다른 면이 있었는데 부위원장은 그렇지 못하였다. 그는 늘 점잖으면서도 자신의 주장을 내세우거나 생각하는 바를 그대로 실천하는 면은 모자라는 편이었다. 그러다 보니 조선 건국 준비 위원회의 다른 간부들은 그 기회를 이용하여 조직의 운영 방법을 바꾸려고 하였다. 여운형을 따르고 존경하는 사람들도 많았지만 그렇지 않은 사람들도 있었던 것이다.

여운형이 조선 건국 준비 위원회를 이끌어 갈 때에는 아무런 반대 없이 따르던 사람들이 여운형이 없는 사이에 부위원장에게 여러 가지 요구를 하였다. 더구나 조선 건국 준비 위원회에 들어와서 한자리 차지하려고 하는 사람들이 많았는데, 부위원장은 그들의 요구를 거절하지 못하고 140여 명에 이르는 건국 준비 위원들을 새로 뽑았다. 이것은 조선 건국 준비 위원회에 많은 문제를 일으킬 우려가 있었다.

나중에 여운형이 이 일을 알고, 새로 뽑은 건국 준비 위원들에게는 의견만 말할 수 있도록 하자, 부위원장은 큰 불만을 갖게 되었다. 위원회 전체 회의가 열리지 못하자 부위원장은 여운형 위원장에게 이에 대한 책임을 미루며 불평을 늘어놓았다. 뿐만 아니라 부위원장은 조선 건국 준비 위원회에 속한 보안대에도 특정의 사람들이 들어와 활동하도록 허락하였는데, 이것도 보안대의 화합을 위해서는 문제가 있는 일이었다. 여운형은 이것으로 인하여 좋지 않은 일이 일어날 것을 짐작하고 그들이 들어와 활동하는 것을 허락하지 않았다. 여운형은 그 답답한 심정을 친한 동료들에게 말할 성도였다.

그런데 이보다 더 큰 일이 조선 건국 준비 위원회에 일어났다. 조선 건국 준비 위원회 간부 몇 명이 여운형과 상의 없이 조선 건국 준비 위원회 경성 지부를 만들고 위원까지 뽑은 것이다. 이 일은 조선 건국 준비 위원회의 다른 간부들까지 반대하기에 이르렀고, 이로 인하여 조선 건국 준비 위원회는 매우 어려운 지경에 처하게 되었다. 조선 건국 준비 위원회 안에서는 서로 자신의 주장대로만 일을 하려고 하고, 밖에서는 조선 건국 준비 위원회의 누구누구를 내쫓아야 한다고 아우성이니, 여운형은 참으로 곤혹스러웠다. 여운형은 일찍부터 조선 건국 준비 위원회의 간부들 몇 명을 해고해야 한다고 느끼고 있으면서도 그 일 처리가 매우 어려운 것임을 잘 알고 있었다. 이미 국내외에 조선 건국 준비 위원회가 하는 일을 널리 알린 뒤였고, 국민들은 조선 건국 준비 위원회에 많은 기대를 걸고 있었기 때문이다.

그 후 8월 31일, 여운형은 간부회의를 열고 위원장을 그만두겠다고 발표하였다. 부위원장을 비롯한 다른 간부들도 자리를 모두 내놓았다. 이날의 결정을 확정 지을 회의를 9월 2일에 다시 열기로 하고 회의를 마쳤는데, 그 다음 날 '국민당'이라는 정치 단체가 생겨났다.

그런데 국민당의 대표는 조선 건국 준비 위원회 부위원장을 하던 사람이 맡기로 했다는 발표가 났다. 그뿐만 아니라 국민당은 새로운 나라를 세우는 방법에서 여운형과 전혀 다른 입장이었던 임시 정부를 지지한다고 발표했던 것이다. 여운형과 정면 대결을 하기로 한 것이었다. 예정대로 9월 2일 조선 건국 준비 위원회 전체 회의를 열었으나 몇 명밖에 모이지 않았고, 다시 조선 건국 준비 위원회 전체 회의는 9월 4일로 연기되었다. 그러나 9월 4일의 회의도 제대로 열릴 수 있을지는 의문스러웠다. 여운형을 믿고 돕던 조선 건국 동맹의 위원들은 이것이 새로운 나라를 세우는 일에서 여운형을 완전히 빼 버리려는 짓이라고 생각했다.

9월 4일 회의에서 여운형은 다시 조선 건국 준비 위원회 위원장으로 선출되었고, 부위원장도 다른 사람으로 바뀌어 조선 건국 준비 위원회는 새로운 모습을 갖추었다. 그러나 그 이틀 후인 9월 6일, 미군이 인천으로 들어오는 것을 준비하기 위하여 '조선 인민 공화국'이 생기자 조선 건국 준비 위원회는 막을 내리게 되었다.

조선 건국 준비 위원회 위원장의 이름으로는 사실상 마지막 환영의 말이 되는 다음의 글에서도 조선 건국 준비 위원회의 역할과 필요성 뿐만 아니라, 여운형의 자주적인 민족 통일과 세계 평화에의 열망을 살펴볼 수 있다. 조선에 들어온 미국군에게 보낸 환영 인사말이었는데, 내용 중의 '하지'는 그 당시 미국 연합군 사령관이었으며 한동안 우리 조선에 많은 영향력을 행사한 사람이다.

하지 사령관 및 연합군 여러분, 나는 조선 건국 준비 위원회를 대표하여, 국제적으로 군대의 힘을 앞세우는 나라들과 세계 평화와 민주주의의 승리를 위하여, 그리고 우리 조선의 해방을 돕기 위하여 싸워 준 여러분에게 최대의 존경과 감사를 드립니다. 우리 조선 건국 준비 위원회는 조국의 자유와 독립을 위하여 싸워 온 애국 투사들로 조직되어 있으며, 민주주의를 바탕으로 하는 조선의 건국과 조선인들이 사람다운 생활을 누리게 하기 위하여, 더 나아가서는 국제 평화의 유지와 민주주의의 국제적 기여를 위하여 충실하게 노력하고자 합니다.

10월 8일 정식으로 그 모습을 감추기까지, 조선 건국 준비 위원회는 많은 일을 하였다. 우리 민족이 새로운 나라를 세우기 위해 여러 조직을 만들어 스스로 힘을 발휘한 것이 바로 그것이다. 사실 일제 강점기에 일본에 대항한 독립운동가들이 대부분 모여 활동한 조선 건국 준비 위원회는 국민들의 뜻을 제대로 살피고, 국민들의 안전을 위해 매

우 많은 일을 하였다. 그러나 모인 사람들 사이에서 더 중요한 자리를 차지하려는 권력 다툼과, 우리나라에 대한 소련과 미국의 영향력을 물리치지 못하고, 그 목적을 달성하지 못한 채 조선 건국 준비 위원회는 간판을 내렸다.

  조선 건국 준비 위원회를 이끌어 가면서 여운형은 많은 어려움을 겪었다. 그 당시 우리나라의 지도자들은 공산주의를 지지하는 좌익과 민주주의를 지지하는 우익으로 나뉘어 있었다. 좀 더 쉽게 말하면 '서

로의 생각이 전혀 다른 정 반대편에 있다'는 뜻이다. 여운형은 왼쪽과 오른쪽 그 사이에서 양쪽의 주장을 받아들여 새로운 나라를 세우기 위해 노력했다. 그러나 늘 양쪽으로부터 자신들의 편이 아니라고 비난을 받았다. 그때마다 여운형은 새로운 나라를 세우는 데 도움이 안 되는 욕이나, 비난 따위에는 마음을 두지 않았다. 오히려 누가 되든지 간에 양심을 지키고 새로운 나라를 건설하고자 하는 마음만 있다면 함께 일하겠다는 것이 여운형의 생각이었고, 그 생각과 행동을 펼치는 발판으로 삼았던 단체가 바로 조선 건국 준비 위원회였던 것이다.

14. 빛, 남아 있음

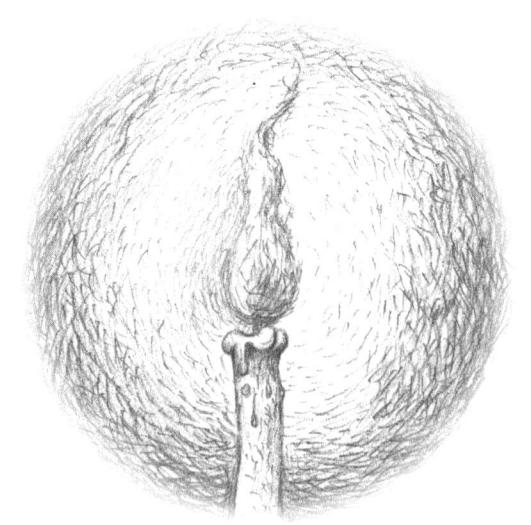

1945년 9월 6일, 전국 인민 대표자 대회가 열렸다. 이 대회에서 여운형은 임시 의장을 맡았고, 이어서 이 대회에서 만든 조선 인민 공화국의 위원장을 맡았다. 이 자리에서 여운형은 연설을 하였는데, 여기에는 새로운 나라 건설에 대한 의욕과 굳은 뜻이 잘 나다니 있다.

말할 것도 없이 새로운 나라의 건설은 어려운 것입니다. 그러나 '로마는 하루아침에 이루어질 수 없는 것'과 마찬가지로 새로운 나라 건설 또한 하루아침에 이루질 수는 없는 것입니다. 이제 연합군이 바로 조선에 들어올 것이니 연합군과 당당하게 우리의 독립에 대하여 대화를 나눌 수 있는 단체가 필요합니다. 우리 위원들은 마음을 한데 모아 힘을 발휘하여 새로운 나라 건설을 위해 노력하여야 할 것입니다. …… 이제부터 우리는 외국인을 상대로 일하여야 합니다. 3천만 민족의 대표로서의 모습이 그들 앞에 드러나게 될 것입니다. …… 우리 민족의 체면을 손상시키는 일이 있어서는 안 됨은 물론 우리가 민족 앞에 서서 우리 민족을 이끌어 가야 할 것입니다.

그 후 여운형이 괴한에게 두 번째 습격을 당하고 병원에 있는 동안 이 단체의 부위원장을 비롯한 몇몇 간부들에 의해 이승만이 최고 우두머리인 주석으로 선출되었고 여운형은 부위원장을 맡게 되었다. 여운형은 좀 더 철저히 준비하여 해외와 국내의 모든 지도자들의 의견을 한데 모아 대통령을 선출하길 바랐는데, 몇몇 간부들의 조급함으로 다시 한 번 큰 혼란을 겪게 되었다.

특히 조선 인민 공화국의 간부들은 그들의 단체를 정부가 정식으로 세워질 때까지 조선을 대표하는 유일한 단체로 삼으려는 속셈을 가지고 있었다. 그런가 하면 중국에 세워진 임시 정부를 하루빨리 옮겨와 정식 정부로 삼고자 하는 사람들의 의견도 만만치 않았다. 그런 가운데 국내외 지도자들 간의 갈등은 더욱 깊어졌다.

그러나 38선 남쪽에 들어와 있던 미국은 그 어느 쪽도 승인하지 않았다. 미국·영국·소련·중국은 적당한 시기에 적당한 절차를 밟아 조선을 자유로운 독립 국가로 만들기로 합의하였으나, 시간이 지남에 따라 각자 자신의 이익을 챙기느라 그 합의가 이상하게 변해 갔다. 특히 미국은 조선 인민 공화국을 좀 더 의심스러운 눈초리로 바라보게 되었다.

사실 조선 인민 공화국 안의 많은 사람들이 공산당원들이었고, 이로 인하여 여운형은 공산주의자로 몰리게 되었다. 여운형의 새로운 나라 건설에 대한 생각과 행동을 적극적으로 지원한 쪽도 공산당원들인 좌익뿐이었다. 좌익은 그 당시 가장 능력 있고, 왕성한 활동을 펼치고 있는 여운형을 이용할 속셈이었을 테지만, 여운형이 그들과 함께 건국 운동에 나선 것은 아마도 외국의 지원에 기대지 않고 스스로 나라를 세워야 한다는 생각이 마음에 들었기 때문일 것이다.

외국에 의존하여 나라를 세우면 완전한 독립이 아니라고 믿는 여운형의 입장에서는, 외국에서만 독립운동을 하다가 해방이 되어 국내에 들어온 사람들이 여전히 외국에 의존하여 나라를 세우려고 하는 것이 못마땅했다. 더구나 다른 지도자들과 더 이상 협조가 진행되지 않고 활동에 진전이 없는 상황에서 조선 건국 준비 위원회를 통한 '준비'만을 할 수는 없었을 것이다.

여운형의 삶은 해방 이전에는 일본과의 싸움이었고, 그 후에는 미국과의 싸움이라고 볼 수 있다.

미군 선발대는 9월 8일 서울에 들어왔다. 사령관은 하지 중장이었다. 미군은 들어오자마자 점령군으로서 밤 열두 시부터 다음날 새벽 다섯 시까지 통행을 금지하였다. 9월 12일에는 아놀드라는 사람이 미국을 대표하여 조선을 다스리는 군정 장관으로 왔고, 9월 19일에 미군이 조선을 다스릴 것을 정식으로 선포하였다. 우리나라는 일본의 억압에서 벗어나 꿈에 그리던 해방을 맞았으나 다시 미국에게 나라를 맡긴 셈이 되었다.

그러나 미군은 처음에는 일본에 들어가기로 했다가 계획을 바꾸어

조선으로 들어왔기 때문에 조선의 사정에는 매우 어두웠고 사전 준비와 계획도 없었다. 거기에다가 일본인들로부터 무기를 빼앗는 일이 늦어졌고, 이북에서 남한으로 내려오는 피난민도 늘어났으며, 공산주의자들과 민주주의자들의 대립도 거세어져 그야말로 조선은 혼란 그 자체였다.

 10월 5일, 여운형은 미군정 장관인 아놀드의 초청을 받아 그를 만나게 되었다. 그는 예의바르게 여운형을 맞이하고는 경제와 국민의 생활을 담당하는 자신의 고문이 되어 달라고 부탁하였다. 그러나 여운형은 오히려 아놀드에게 자신의 고문이 되어 달라고 말하면서 그의 제의를 거절하였다. 조선의 정치는 조선인들이 해야 한다는 굳은 신념 때문이었다. 그 다음 날 아놀드는 다시 여운형에게 함께 하지 사령관을 만나자고 하였다. 하지 사령관은 사실 여운형에 대하여

별로 좋은 감정을 갖고 있지 않았다. 조선 건국 준비 위원회 위원장이라는 사람이 그때까지도 자신을 찾아오지 않는 것에 대하여 괘씸하게 생각한데다 여운형의 반대파들이 여운형에 대해 나쁘게 말한 것만 믿었기 때문이다.

하지 사령관은 여운형을 만나자마자 일본인의 돈을 얼마나 받았느냐고 쏘아붙였다.

"그게 무슨 말입니까?"

여운형이 되묻자 하지 사령관은 일본 사람들로부터 보고를 받았다고 대답했다. 그러면서 왜 여태까지 자신을 찾아오지 않았느냐고 따지듯이 물었다.

여운형은 이렇게 대답했다.

"내가 먼저 당신에게 환영의 말을 보냈는데, 아직까지도 당신은 회답이 없습니다. 회답이 없는데 내가 어떻게 당신을 찾을 수 있겠습니까?"

이후 미군정과의 관계는 편안하지 못하였다. 미군은 여운형이 미군정 장관이 고문을 잠시 맡았다가 바로 물러난 것에 대한 불만을 품고 있었다. 이에 미국은 여운형과 조선 인민 공화국을 비난하는 내용의 글을 발표하였다. 남한에는 조선 인민 공화국 같은 정부가 따로 있는 것이 아니고 미군 정부만 있다는 내용으로 우리 민족을 얕보는 말까지 들어 있었다. 이에 대하여 신문과 잡지 등에서는 미군의 생각이 잘못되었음을 따졌지만, 여운형은 잠자코 있었다.

그러자 여운형을 반대하는 사람들은 더욱 여운형을 비난하는 데에 열을 올렸다. 미군도 조선 인민 공화국의 사무실을 뒤지고 일하는 사람들을 잡아갔다. 뿐만 아니라 여운형을 감시하기 시작하였다. 이 지경에 이르자 여운형은 미군 헌병대에 찾아가서 자신에 대한 감시를 거두고 잡혀간 사람들도 풀어 달라고 요구하였다.

그러나 조선 인민 공화국에서 건물이나 회사, 공장 등을 강제로 빼앗는 일이 일어남으로써 일은 더욱 복잡해졌다. 미군은 이 사건을 자신들에 대한 반항이라고 오해했고, 우리 국민들은 미군의 대응이 우리 민족에 대한 억압이라고 여겼다. 미군과 우리 국민들 사이에 대립이 생긴 것이다. 결국 여운형은 미군의 오해를 혼자서 받아야 했다. 그가 당한 어려움은 말할 수 없이 컸다. 그러나 여운형은 끝까지 의연한 자세로 일이 잘 해결될 수 있도록 자신을 흐트러뜨리지 않았다. 이를테면 미국인들이, 여운형을 헐뜯는 조선 사람 누구는 나쁘다고 여운형에게 말할 때에도 여운형은 그 말에 맞장구를 치지 않았다. 여운형은 같은 민족끼리 서로 헐뜯는 것만큼 민족에 상처를 주는 일은 없다고 믿었기 때문이다.

시간이 흐르면서 여운형의 사람 됨됨이를 알게 된 미국 정부의 최고 책임자는 자신의 잘못을 깨닫게 되었다. 여운형과 자주 만날수록 그의 유능함을 알아채고는 여운형이야말로 훌륭한 인격과 신념을 지닌 정치가라고 인정하게 된 것이다. 심지어 인도의 간디와 비교할 정도였다. 그 당시 조선에서 여운형을 만나 본 어느 미군은 여운형을 이렇게 평하기도 하였다.

여운형은 한국의 다른 정치인들이 따르지 못할 세 가지 특징을 지니고 있습니다. 첫째, 그는 누구보다 잘생겼습니다. 둘째, 그는 뛰어난 웅변가입니다. 셋째, 그는 남을 감동시키는 능력과 설득하는 능력이 뛰어납니다. 그를 욕하고, 시비를 걸던 사람도 그와 이야기를 나누기만 하면 그 전에 품고 있던 나쁜 감정이 눈 녹듯이 사라져 버립니다.

이런 여운형도 그 당시 다른 정치 지도자들과의 갈등으로 결국은 어려움에 처하게 되었다. 새로운 나라를 건설하고자 하는 마음은 서로 같았지만 그 방법에서 많은 차이를 보였기 때문에 시간이 지날수록 정치 지도자들 사이의 대립은 깊어지고 있었다. 서로 이름이 다른 정당을 만들고, 서로 옳고 그름을 주장함으로써 나라의 의견은 여러 갈래로 갈라지게 되었다.

마침내, 일본이 물러가자 우리나라에 들어온 미군을 선두로 한 연합군은 우리 정치 지도자들의 이런 모습을 보고, 스스로 나라를 세울 수 없다고 판단하기에 이르렀다.

1945년 8월 15일, 일제 식민 통치로부터 해방이 되자 우리 민족은 전국 곳곳에서 그 기쁨을 마음껏 누렸다. 그러나 해방은 민족 해방 운동의 결실이 아닌 연합국의 승리로 이루어진 것이었다. 비록 일제 36

년 간 민족 독립운동이 계속되었지만 일본이 항복한 나라는 연합국이었기 때문이다. 연합국에게는 한반도가 매우 중요한 곳이었다.

미국은 북위 38도 선을 경계로 하는 한반도의 남북 분할을 소련에게 제안했고, 소련은 순순히 이 제안을 받아들였다. 그리하여 우리 민족은 원하지도 않은 영토 분할이 이루어지고 만 것이었다. 연합군은 우리가 스스로 나라를 다스릴 수 있을 때까지 우리나라를 대신 다스리기로 결정해 버렸다. 이러한 순간에도 우리의 지도자들은 이 일을 찬성하는 쪽과 반대하는 쪽으로 갈라져서 다투었다. 겉으로 드러나는 모양은 찬성과 반대였지만 사실은 왼쪽과 오른쪽의 서로 다른 편에 서 있는 정치 지도자들 간의 힘겨루기였다.

그러나 여운형은 새로운 나라의 건국이라는 큰 물건을 거뜬히 들기 위해서는 왼손과 오른손의 협조가 필요하다고 믿었다. 우리 국토의 남북 분할은 많은 면에서 우리 민족에게 고통을 안겨 주었다. 남은 농경 지대, 북은 공업 지대였던 탓에 남과 북은 결코 갈라질 수 없는 땅이었다. 남과 북은 각기 자원과 식량이 부족했고, 공장은 제대로 돌아갈 수 없었다.

이 때문에 사람들은 일자리가 없어서 직장을 잃은 상태로 지내야 했고, 제대로 먹지도, 입지도 못하는 비참한 생활을 하였다. 이 모든 것이 분단으로 인하여 나타나는 문제였다. 그렇지만 그 당시 사람들은 분단을 극복할 수 있는 '행동'을 하지 못했다. 38선은 미·소 양군이 지키고는 있었지만 누구나 마음만 먹으면 쉽게 넘을 수 있는 경계

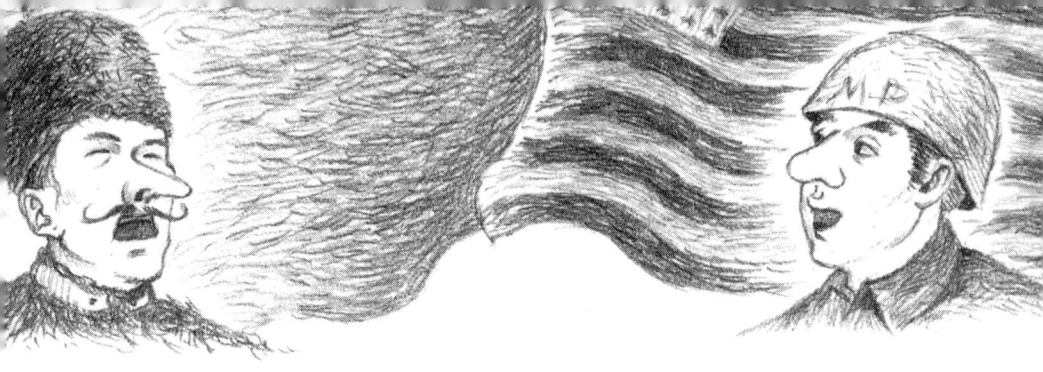

선 아닌 경계선이었다.

여운형은 미국과 소련에 의해 남북으로 갈라진 우리나라를 어떻게 하나로 만들 수 있을까를 생각한 끝에 평양을 방문하였다. 그는 대립을 깨뜨리고 친일파를 제외한 민족 모두가 힘을 합쳐 민족 분단을 극복하고 통일을 이루고자 시도했던 것이다.

여운형은 4월 19일에서 4월 25일까지 평양을 한 차례 방문하고, 이어서 9월 22일에서 10월 1일까지 다시 한 번 방문하여 김일성과 이야기를 나누고 돌아왔다. 많은 사람들은 소련의 뜻대로 움직이고 있는 북한에 이용당하는 결과를 낳을 것이라면서 여운형의 북한 방문을 반대하였지만 여운형은 다음과 같은 말로 자신의 뜻을 지켰다.

"만일 자기의 주장만을 고집하여 독선과 배타적인 태도로 임한다면 민족 통일은 절대로 불가능하며 이 기회를 놓치면 우리 역사 위에 천추의 한을 남기게 될 것이다."

그러는 사이 남한에서는 여러 군데에서 폭동이 일어났다. 문을 닫는 공장이 생겼고 다치는 사람들도 늘어났다. 이 사건들은 모두 좌익이

저지른 일이라 하여 많은 사람들이 잡혀갔다. 몇몇 신문도 발행을 멈추었다. 이러한 소란을 해결하기 위하여 각 정당과 단체들이 모여 협의하고 의견도 발표했지만 우리의 정치 지도자들은 더욱 여러 갈래로 갈라질 뿐이었다. 그래도 여운형은 여전히 몇 사람의 뜻에만 맞는 나라가 아닌 모두의 나라를 처음부터 건설해야 한다면서 일치된 의견을 모을 것을 한결 같이 주장하였다.

하지만 여운형의 노력은 남한에서조차 성공할 수 없었다. 자신들의 주도권을 빼앗길 것을 염려한 지도층 인사들과 아직도 일본에 대해 미련을 버리지 못하는 친일파의 방해와 미군정의 훼방 때문이었다.

여운형에 대한 기습과 폭력의 위협은 더욱 심해졌다. 민족의 의견이 갈라진 것은 여운형을 비롯한 정치 지도자들 때문이며 이들을 없애야 한다고 생각하는 사람들이 늘어났다. 게다가 상대방의 정치 지도자들을 없애야 내가 살아남을 수 있다는 단체들끼리의 다툼도 여운형에 대한 폭력의 위협이 심해진 원인이었다.

그렇지만 여운형은 "나에게는 다른 길이 없다. 죽어도 이 길을 가야한다"라고 말하면서 자신의 뜻을 굽히지 않았다. 그러는 사이에도 여운형은 체육회 회장으로서 활발한 활동을 멈추지 않았다. 각종 운동 경기를 관람하는가 하면 제51회 보스턴 마라톤 대회에서 우승한 서윤복 선수를 인천까지 마중 나가 환영하기도 하였다. 국제 올림픽 위원회에 대표로 갔다가 죽은 우리나라 선수의 장례식장에 참석하여 그곳에 모인 사람들을 감동시키기도 하였다. 이렇게 여운형의 활동은 해방이 된 혼란기에도 이어져 정치 지도자이자 체육 지도자로서 큰 업적을 남겼다.

다음의 이야기 속에서 그의 굳은 뜻을 짐작할 수 있다.

사람들이 나를 뭐라고 평하든지 거기에 대해 기뻐하거나 노여워 할 필요가 없다. 내가 정당한 사람이면 사람들이 나를 악평해도 내가 정당할 것이요, 내가 참으로 정당치 못한 사람이면 사람들이 나를 훌륭한 사람이라고 찬양할지라도 사실은 내가 훌륭한 사람이 아닌 것이다. 내 사람 됨됨이에 대해 참으로 알고자 한다면 나를 평하는 그 사람의 사람됨을 먼저 살펴보도록 하라. 나 자신의 정당성 여부가 문제이지 참새 떼들의 입방아는 그리 신경 쓸 필요가 없다는 뜻이다.

그러나 여운형은 결국 정계 은퇴를 선언하고야 말았다. 여운형의 뛰어난 점은 언제 어떤 자리에서도 세계 평화의 관점에서 한국의 독립을 주장할 수 있었던 점이다. 그는 그 시대에 세계적 관점에서 한국의 문제를 논할 줄 아는 거의 유일한 정치가였다.

1947년 7월 19일, 여운형은 우리나라가 국제 올림픽 위원회 회원국이 된 것을 기념하기 위하여 영국과 친선 축구 경기를 하는 서울 운동장으로 향하고 있었다. 여운형이 탄 차가 혜화동 사거리에 들어섰을 때 별안간 트럭 한 대가 달려오더니 여운형이 탄 차를 가로막았다. 여

운형이 탄 차는 급히 멈추었고, 그 순간 트럭에서 내린 남자는 여운형을 향하여 총을 쏘았다. 여운형은 그 자리에서 숨을 거두었다.

범인은 한지근이라는 열아홉 살 난 청년이었다. 그는 혼자서 이 일을 저질렀고, 아무도 그에게 여운형을 죽이라는 말을 하지 않았다고 경찰은 발표하였다. 그러나 그가 가지고 있던 총은 그 당시 서울 경찰을 대표하고 있던 사람이 준 것이었고, 그 경찰의 뒤에는 여운형의 활동에 대하여 많은 불만을 가졌던 이름 난 정치 지도자들이 여럿 있었다고 한다. 후에 그들은 대한민국이 탄생하자 가장 높은 지위에서 나라를 다스리기도 하였다.

우리가 살고 있는 이 땅에는 그동안 수많은 사람들이 살다 갔다. 우리들도 수많은 사람 중의 한 사람이다. 현재 서울의 우이동에 잠들어 있는 여운형도 그 중의 한 사람이다. 우리가 지금 무엇인가 이루기 위하여 열심히 살아가고 있는 것처럼 여운형도 무엇인가를 이루기 위하여 살다 간 것이다.

1886년 경기도 양평에서 태어난 여운형이 겪은 20세기 한국사는 말

그대로 비극적이었다. 그가 철들 무렵 조선 왕조가 몰락했고, 일생의 대부분을 일제 식민 통치로 억압받고 있는 조국 해방을 위해 중국 상하이에서 싸워야 했다. 그가 잠시 맛본 해방은 불완전한 것이었고, 국토 분단과 민족 분열의 와중에서 그의 운명은 암살로 끝을 맺었던 것이다.

 여행은 나의 가장 사랑하는 취미이며 오락이다. 세상에서는 스포츠를 나의 가장 좋아하는 취미로 생각하는 모양이나 나는 스포

츠보다도 훨씬 더 여행을 사랑한다. 아니 여행이야말로 가장 종합적이며 가장 건전하고 인간적인 스포츠일 것이다.

《중앙 3》(1936. 3)에 발표한 '나의 회상기'라는 글에서 여운형은 여행에 대하여 위와 같이 말하고 있다. 그는 독립운동과 새로운 나라의 건설을 열망하며 자신이 걸어온 어려운 생애조차 '여행'으로 보고 있지는 않았을까?

어느 누구도 그의 생각이나 행동을 기억하거나 되살려낼 수 없을지 모르지만, 그는 살아 있는 동안 오직 그만이 지닌 파장의 빛으로 살았다. 일본에게 나라를 빼앗겨 우리의 역사에 어둠이 가득 깔리자 그는 한 마리 반딧불이의 불빛에 불과할지도 모르는 불빛으로, 그러나 끊임없는 반짝임으로 자신의 모습을 드러냈던 것이다.

우리들 역시 우리 주위가 어둡다고 느낄 때, 한 마리의 반딧불이처럼 땅 위의 살아 있는 별빛으로 빛을 낼 수 있을 것이다.